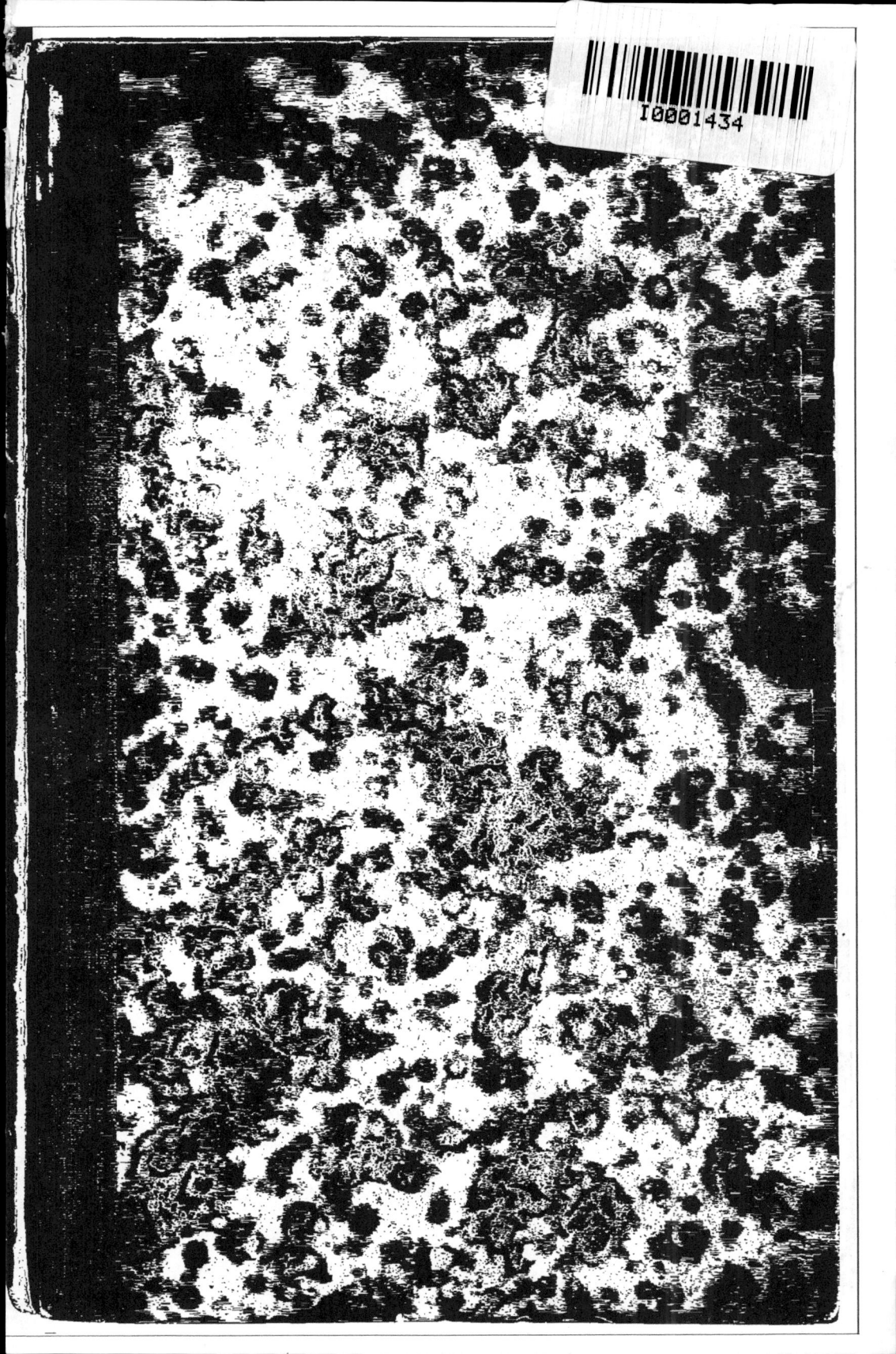

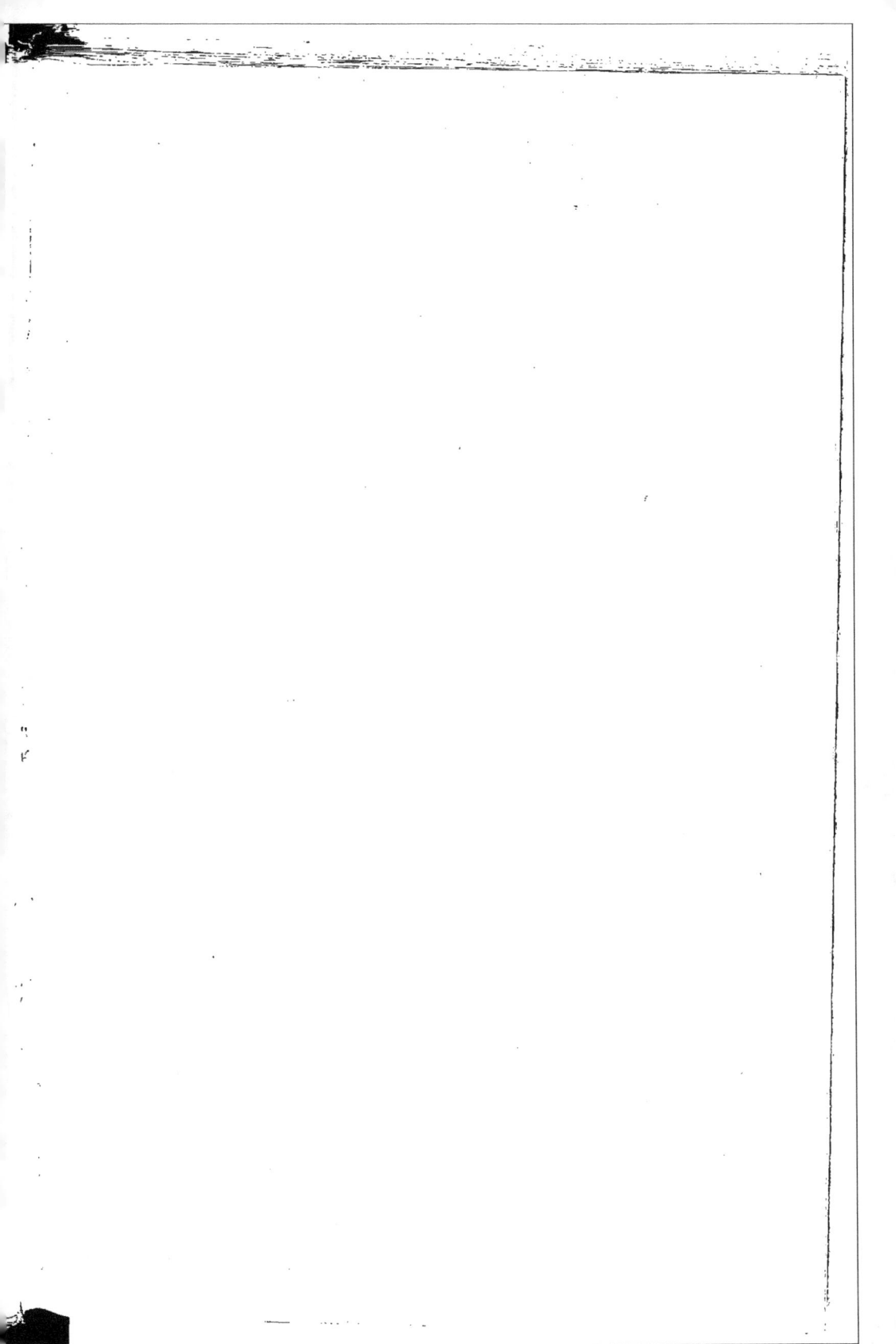

remplaçant

34129

GUIDE

DES MAIRES, DES ADJOINTS,

ET DES

CONSEILLERS MUNICIPAUX.

IMPRIMERIE SELLIGUE,

RUE MONTMARTRE, 131.

GUIDE

DES

MAIRES, DES ADJOINTS

ET DES

CONSEILLERS MUNICIPAUX,

DÉDIÉ

A MESSIEURS LES ÉLECTEURS COMMUNAUX DE LA FRANCE,

PAR L.-H. VICTOR DUJARDIN,

JUGE DE PAIX DU CANTON DE VILLÉ (BAS-RHIN), MEMBRE DE LA LÉGION
D'HONNEUR, ANCIEN MAIRE, ANCIEN OFFICIER DE CAVALERIE EN RETRAITE.

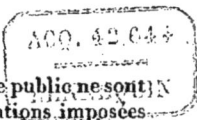

« Les devoirs du fonctionnaire public ne sont
« pas seulement des obligations imposées
« par les lois positives et morales, mais
« leur accomplissement est encore la jouis-
« sance la plus pure du citoyen, ami vrai
« de son pays. »

PARIS.

M. J.-J. RISLER, 6, rue de l'Oratoire; | M. VIDECOQ, 6, place du Panthéon,
MM. TREUTTEL et WURTZ, 17, rue de | et 2, rue des Grès;
Lille; | M. BECHET aîné, 21 quai des Augus-
M. F.-G. LEVRAULT, 81, rue de La | tins.
Harpe;

1834.

AVANT-PROPOS.

Je publie cet entretien sans commentaire ni préface, il n'en exige point. Il est extrait d'un ouvrage beaucoup plus étendu sur les devoirs et les droits du citoyen français; je le publie parce que je le crois utile.

Si cette faible esquisse d'une plume novice est favorablement accueillie par mes compatriotes, je me propose de faire également imprimer l'autre partie qui, traitant de nos institutions en général, pourra servir à l'éducation publique.

L'expérience et le malheur ont été mes maîtres; l'amour de ma patrie, le besoin de contribuer au bonheur de mes semblables sont les véhicules de ma pensée. — Vieux soldat, je sers diversement, depuis trente-cinq ans, notre France chérie. Je ne lui demande pas ce qu'elle a fait pour moi ; je lui dirais plutôt comme Bayard a dit à François Ier : « Mon prince, ne songez point à moi, je vous ser-« virai toujours bien, quoi qu'advienne. »

TABLE ALPHABÉTIQUE

DES

MATIÈRES.

(Voyez la TABLE GÉNÉRALE à la fin de l'ouvrage.)

FIN DE LA TABLE ALPHABÉTIQUE.

GUIDE

DES MAIRES, DES ADJOINTS,

ET DES

CONSEILLERS MUNICIPAUX.

LIVRE PREMIER.

DEVOIRS DE MM. LES MAIRES ET DE LEURS ADJOINTS.

MESSIEURS LES ÉLECTEURS COMMUNAUX,

La plupart des Français ne connaissent pas les lois qui les régissent et les regardent comme un joug insupportable qui leur est imposé; c'est un malheur sans doute et une injustice; il faut en appeler à la raison humaine et l'éclairer par des publications successives qui, par l'exposition des motifs qui ont dicté ces lois, feront, avec le temps, l'un des codes de l'éducation de notre belle jeunesse. Ainsi elle se familiarisera, à l'aide de la théorie, de la pratique et des lumières nouvellement répandues, avec nos nstitutions principales; elle en abandonnera l'interprétation, les détails minutieux, aux légistes, aux juris-

1

consultes, aux personnes chargées de leur exécution et qui en font une étude spéciale; mais elle en
saisira l'esprit, elle en reconnaîtra l'inappréciable
bienfait et paiera son juste tribut de reconnaissance
aux législateurs qui les ont méditées, discutées et
adoptées.

Pour nous, Messieurs, nous allons nous occuper
des fonctions des maires et de leurs adjoints : fonctions graves, importantes, gratuites, trop peu cultivées et remplies dans la plupart de nos campagnes
avec une insouciance qui prouve qu'elles n'y sont pas
assez appréciées. Cependant, Messieurs, cette magistrature (1) a une influence marquée sur la prospérité,
le repos des communes et sur le bien-être des familles
qui les composent.

Nous considèrerons donc ici cette magistrature
sous ses divers attributs; elle en a plusieurs; nous
les analyserons successivement. Chacun d'eux fera
le sujet d'un livre particulier de cet ouvrage, quoiqu'il y ait une grande analogie entre ses attributions
différentes.

Le maire con-
sidéré comme ad-
ministrateur de
la commune

Par la première, le maire est l'administrateur et le
représentant élu (2) de ses concitoyens. Il doit en cette
qualité se faire 1º le défenseur de leurs droits; 2º l'é-
conome des deniers communaux; 3º le dispensateur
impartial des charges et des bénéfices de la commu-

(1) Celle du maire, qui n'est remplie par l'adjoint qu'en cas
d'absence, d'empêchement légitime ou de délégation.

(2) Quoique le maire ne soit pas directement élu par ses concitoyens, il est toujours le produit de l'élection, puisqu'il est chois
parmi les conseillers municipaux.

nauté ; 4° le conservateur des monumens publics ;
5° le modèle et le gardien des mœurs ; 6° le guide
et l'ami de la jeunesse ; 7° l'appui des malheureux ;
8° le régulateur de l'opinion publique ; 9° le surveillant du respect dû aux propriétés particulières et à
leurs produits agricoles ; 10° enfin, le garant de la
salubrité comme de la sureté publique : sentinelle toujours éveillée pour prévenir le mal , il doit être une
source inépuisable de bien.

Développons, Messieurs, ces idées générales. 1° Le
maire, disons-nous, est le défenseur des droits de ses
concitoyens ; en effet, il requiert la force publique ,
en dispose dans les cas d'émeute et de sédition (1) ;
mais dans ces circonstances extraordinaires, revêtu
des insignes de sa magistrature , à la tête de cette
force, il n'en use pas avant d'avoir fait les sommations voulues par la loi, et, dans sa sollicitude paternelle, il les fait encore précéder d'invitations , de
supplications, de prières même. Eh quoi ! Messieurs !
ces hommes égarés par une opinion politique , un
préjugé religieux, la réclamation d'un salaire plus
élevé, le redressement d'une injustice prétendue ,
ces hommes pressés, par une disette momentanée,
(circonstance qui porte trop souvent une multitude
irritée par un impérieux besoin au pillage des marchés et des convois de grains, ou à des voies de fait

Le maire est le défenseur né des droits de ses concitoyens.

Cas d'émeute.

Sommations.

(1) Dispositions de l'art. 7 du tit. 11 de la loi du 24 août 1790 et
de celles de l'art. 12 de la loi du 3 août 1791, par lesquelles le maire
est chargé de dissiper les émeutes populaires et de requérir la force
armée ; art. 6 de la loi du 27 germinal an 4, art. 231 et 232 de la loi
du 28 germinal an 6.

contre ceux qu'elle appelle des monopoleurs) (1),
quoi! ces malheureux qu'un moment d'égarement
pousse à briser la barrière sacrée des lois, et à se précipiter dans un abîme de maux, ne sont-ils pas ses parens, ses amis, les compagnons de son enfance, ses
concitoyens, sa famille entière? Car c'est en père que
le maire doit les administrer! Dans une telle occurrence, peut-il balancer un moment à se jeter au fort
de la sédition? comme le porte-drapeau se précipite
au milieu des rangs ennemis pour leur arracher son
enseigne. Messieurs, la colère tombée, on voit tout
le mal que la prévoyance de l'autorité eût pu prévenir; des ouvriers, des pères de famille, attendant
de leur travail hebdomadaire la subsistance de leurs
femmes et de leurs enfans, vont désormais gémir
sous des verroux pendant des mois entiers et pendant
des années aussi, lorsque la voix de Thémis a prononcé son irrévocable arrêt. La loi frappe avec justice le séditieux, le perturbateur, mais ouvre-t-elle
un asile ou procure-t-elle des ressources aux inno-
centes victimes de sa salutaire sévérité? Non, Messieurs! nos institutions ne sont point encore arrivées
jusque là, elles yviendront.

  Combien de reproches doit donc se faire le magistrat communal qu'une insouciance de ses devoirs,
un manque d'énergie, une crainte puérile ou imagi-
naire, ont arrêté sur les premiers points de la ligne

(1) Je me plais à croire qu'il n'en existe pas, que l'usure ne
s'exerce pas sur une chose de première nécessité, et qu'il ne se fait
sur les grains que de simples spéculations de commerce.

que les lois et sa conscience, comme homme public, lui ont tracée.

Lorsque, dans les rixes ou les querelles particulières qui troublent le repos des citoyens, le maire est requis d'intervenir, ou qu'il intervient par un mouvement spontané de bienveillance, il doit alors se munir des marques distinctives de sa dignité, soit pour ne la pas compromettre, soit pour éviter des erreurs aggravantes dans l'application des peines devant les tribunaux, soit enfin pour mieux imposer aux perturbateurs. Messieurs, la plupart de ces rixes sont l'effet des excès de la boisson ou de la colère; elles sont blâmables, sans doute, mais les passions ne prévoient pas; la raison du sage, la prudence de l'autorité doivent y suppléer : la loi frappe les coupables; la vigilance attentive de ses organes empêche qu'il y en ait. *Rixes particulières.*

2° Le maire, avons-nous dit, est l'économe des deniers de la commune, Messieurs, il ne sera pas nécessaire de rappeler ici que la probité est la première condition imposée à tous les administrateurs, parce que le magistrat français ne forfait point à l'honneur; mais l'imprévoyance dans l'emploi des fonds, la légèreté dans les traités, la négligence dans la surveillance des travaux publics, l'inutile emploi d'agens salariés, et d'autres abus de même nature, peuvent être plus préjudiciables à la fortune communale que l'improbité; nous observerons cependant que celle-ci est bien plus blâmable, parce qu'elle porte atteinte à la morale et qu'elle est d'un dangereux exemple. *Le maire économe des deniers de la commune.*

Le maire est aidé, dans cette partie essentielle de sa gestion, par un conseil dont les membres sont élus par les électeurs communaux; mais ce magistrat a, en quelque sorte, l'initiative des propositions (1). Éclairé par l'expérience, il expose les besoins de la commune; l'urgence détaillée des dépenses ordinaires; il les soumet à la discussion et à l'épuration des avis et des suffrages de la majorité; il soutient avec calme, et sans partialité, la nécessité des épurations; il combat les économies mesquines, étroites, qui tendraient à décourager les services publics, éloigneraient de leurs devoirs les agens indispensables de l'administration, laisseraient sans aucune émulation l'instruction publique, exposeraient la sûreté des citoyens et nuiraient enfin à la propagation des lumières, aux progrès de l'industrie, à la surveillance des produits agricoles. Ici le maire doit se montrer autant citoyen que magistrat, appuyer son opinion par la force des preuves et captiver les suffrages du conseil municipal par la justesse du raisonnement soutenue par son amour particulier du bien public, auquel il doit encore la fusion de ses intérêts privés.

Dans l'administration des dépenses extraordinaires, il ne saurait trop éviter l'inutilité d'un vain luxe; il doit aussi ne proposer que des choses d'un intérêt réel, universellement réclamées; le citoyen riche crée des jouissances passagères et pour lui-même; il use en maître de sa fortune, souvent avec une imprévoyance suivie de regrets; mais la commune est mineure, la pensée de ses tuteurs doit em-

(1) Ceci n'est pas absolu, mais présumable.

brasser l'avenir ; de là, la construction de ces nobles et solides monumens qui réunissent la beauté des formes à l'utilité, donnent de l'encouragement aux arts, du pain aux ouvriers et des souvenirs au passé. Messieurs, c'est à la commune qu'il convient d'assainir les marais, de défricher les landes, de planter les montagnes incultes négligées par nos pères, d'arracher le secret au sol, d'ouvrir des canaux, des voies nouvelles, d'encourager les améliorations agronomiques, l'introduction et l'usage des instrumens simplifiés ; elle a pour elle la centralisation des intelligences individuelles qui éclairent, le temps qui crée, les volontés qui dirigent, les bras qui exécutent, l'or qui féconde ; mais il faut la puissance motrice et cette puissance trouve son action dans l'âme d'un bon magistrat.

Le maire doit purger ses mains de toute souillure, c'est pour cela que la loi lui interdit la faculté de percevoir. Tout argent qui passerait par ses mains, du fait de son administration, ferait naître contre lui le soupçon d'une prévarication ; l'honneur lui commande de se renfermer dans le cercle qu'il lui trace. La commune a son receveur particulier ; lorsque le conseil municipal a fixé le budget des recettes et des dépenses dans une de ses sessions annuelles, ce comptable perçoit les deniers, mais il n'en fait emploi et n'opère les paiemens que sur les mandats délivrés par le maire ; or, ce magistrat doit donc porter une sévère surveillance sur l'exactitude, la régularité, surtout sur la promptitude des recettes, parce que le fond qui en provient est la substance alimentaire de fa-

Maniement de deniers communaux interdit au maire.

Mandats de paiement délivrés par le maire.

milles peu aisées, telles que celles de l'instituteur (1), du garde forestier de la commune, du garde-champêtre, des agens de la police administrative et autres; enfin le salaire d'une infinité de gens de métier ou de main-d'œuvre, qui ne se nourissent pas de vaines promesses. Ces vérités de détails, comme toutes celles qui vont suivre, il faut les proclamer, les dire aux citoyens d'un royaume qui compte près de quarante mille communes ou grands hameaux, dans lesquelles des élections renouvelées tous les trois ans donnent une candidature innombrable à la magistrature administrative française.

Le maire est le dispensateur des bénéfices et des charges communales.

3° Le maire, avons-nous dit aussi, est le dispensateur impartial des bénéfices et des charges communales; traitons cette question. Un grand nombre de villes et de communes rurales ont de plus ou moins vastes propriétés forestières dont la superficie se divise en coupes ordinaires, dites affouagères, ou en extraordinaires.

Coupes affouagères.

Le produit de ces bois constitue une des principales recettes du budget; il sert à couvrir les dépenses prévues et crée une ressource pour les dépenses imprévues; dans l'un et l'autre cas, le conseil délibère sur l'emploi des coupes, il fixe les lots en nombre et en nature de bois, il en détermine le prix, il en met à l'entreprise le façonnage; dans sa sollicitude, il pourrait peut-être aussi débattre les intérêts de la classe ouvrière et indigente, en fixant à l'entrepreneur ce qu'il doit payer (2) aux façon-

(1) Loi du 28 juin 1833, sur l'instruction publique.
(2) L'auteur a été lui-même maire d'une commune; il parle de ces choses par expérience.

neurs, en traitant le prix du transport à domicile et
en déterminant surtout un délai de paiement, afin
qu'il ne s'exerce point d'arbitraire et que les familles
pauvres, en obtenant par ces soins des facilités, ne
fussent pas obligées de vendre leurs lots à vil prix,
de favoriser une spéculation usuraire, de se voir par
là privées d'un combustible indispensable, et de s'en
dédommager dans la rigoureuse saison de l'hiver, en
allant dévaster les forêts, contracter l'habitude du
délit et s'exposer aux condamnations pécuniaires
qui les ruinent, ou aux peines d'emprisonnement qui
les déshonorent, détruisent les heureux préjugés de
l'amour-propre et portent une atteinte préjudiciable
aux mœurs publiques.

Peut-être le conseil municipal, par cette étendue
de ses pouvoirs, dépasserait-il les bornes qu'ils lui po-
sent; c'est ce qu'il doit examiner et, s'il en est ainsi,
s'arrêter là, car aucune autorité ne doit rompre
la digue que la loi lui oppose; en nous y renfermant
tous, nous applanirons toujours plus la voie glissante
de la légalité, qu'une foule de penchans dominateurs
nous porte sans cesse à franchir, même à notre insçu.

Lorsque le conseil a fixé la répartition des coupes, assisté par l'administration forestière, le maire en devient le répartiteur; il ne doit ici montrer aucune partialité, n'admettre aucune exception; tous les ci- toyens domiciliés ont un droit égal à ce bénéfice commun; en priver un ménage c'est commettre une injustice, ou appliquer une peine. Dans le premier cas, le maire fausse son devoir; dans le second, il dépasse sa compétence.

Impartiale répartition des lots.

Une autre surveillance rigoureuse est celle du vidage des coupes. Il faut observer qu'il se fasse en temps utile pour ne causer aucun dommage à la végétation suivante et surtout veiller à la conservation des bois et des arbres réservés ; c'est l'immeuble d'un mineur que le maire administre, il doit donc le faire en père de famille. C'est le texte formel du Code civil (art. 450, § 2.) et la voix secrète du for intérieur.

Lorsque le vidage doit se faire au travers de propriétés particulières, il est encore du devoir de ce magistrat d'en invoquer le passage et de déterminer d'avance et à l'amiable, ou à dire d'experts, la valeur du dommage ; mais, avant de conclure, il prend l'avis de ses administrés, recueille leurs observations, se conforme à leurs vœux, conclut ensuite définitivement et détermine invariablement la largeur et la longueur du passage (art. 682 et suivans du même Code). Messieurs, cette sage mesure prévient des procès onéreux et les tribunaux de paix peuvent justifier de son importance.

Causes d'allégresse et fêtes publiques. Dans les circonstances extraordinaires, telles que les fêtes publiques, le passage du prince, ou d'autres, le conseil municipal vote des fonds de distribution ou autorise des travaux extraordinaires. Dans ces occasions solennelles, la sollicitude du magistrat doit être toute paternelle ; la manifestation de la joie publique n'est jamais plus générale que lorsqu'elle s'étend sur la classe pauvre, qu'elle augmente son aisance par un travail sagement distribué, sans une excessive rigueur, mais avec ordre, économie bienveillante du temps, surtout ordonné avec des paroles

du
en
vé-
ion
'un
ire
ivil
ur.
ro-
ce
ner
eur
vis
se
ve-
la
me
les
us-

que
es,
on
ces
oit
oie
lle
on
ne
n-
les

d'encouragement, de bonté, de popularité; ces paroles-là retentissent jusqu'au fond du cœur du prolétaire, elles relèvent en lui la dignité humaine et font expirer le murmure sur ses lèvres. Messieurs, c'est avec ces mots magiques que l'on conduit le soldat à la brèche, et le soldat qui défend l'indépendance de la patrie élève la gloire nationale, garantit nos fortunes mobilières et immobilières, et nous fait jouir des douceurs de la paix, tandis que la foudre gronde autour de sa tête (1). Ce vaillant soldat est le fils de ce même prolétaire que nous couvrons par fois de nos mépris; instruisons-le donc pour qu'il devienne digne de notre estime et ne diffère de nous que par les avantages de la fortune que tout le monde ne peut posséder.

Dans ces détails, le maire ne peut tout surveiller par lui-même; il a ses adjoints et ses délégués pris au sein du conseil, et qu'il charge, sous son inspection, de soins spéciaux; mais il dirige leur choix d'après le mérite de chacun et selon ses connaissances locales. Il stimule leur zèle, et, par ce moyen, les rouages du système administratif, mis sagement en mouvement, donnent à son mécanisme complet un ensemble, une marche, qui approchent le plus de la perfection.

Délégués du maire.

La distribution des charges publiques, des travaux par prestations en nature, ne doit pas éveiller moins vivement la sollicitude de l'administration munici-

(1) Comme on vient de le voir récemment au siége de la citadelle d'Anvers.

Prestations en nature et en argent.

pale. Le maire établit le rôle de ces prestations, soit en nature, soit payées en argent. L'une et l'autre doit recevoir son légitime emploi; mais, je le dis avec peine, rarement dans nos campagnes les travaux exécutés remplissent le but du législateur; on semble y être toujours livré au préjugé de la routine, et lorsque nous avons, dans nos routes de première et de deuxième classe, des modèles parfaits, nos chemins vicinaux de communications, sur lesquels on jette des capitaux et verse la sueur de l'habitant, paraissent être l'œuvre du moyen-âge et ne justifient d'aucun progrès d'art et d'amélioration. Que doit-on observer dans la construction des chemins ? « 1º Que « le terrain offre pour le passage des piétons et des « voitures une surface solide en toute saison et sus-« ceptible de résister au poids des voitures; 2º qu'il « soit à l'abri de l'action destructrice des eaux. » C'est à MM. les maires à chercher la solution de ces problèmes et à les mettre en pratique (1). Il en est de même des travaux, aussi par prestations en nature, ordonnés par le maire, tels que le curage et nettoyage des petits canaux, des aquéducs, des fontaines publiques, des fossés d'assainissement, pour lesquels il n'est point alloué de fonds (2). Ces travaux, qui se font à des époques rares et éloignées, doivent être combinés de manière à concilier leur impérieuse

Chemins vicinaux.

_(1) Arrêté du 17 février 1825, *Journal des Connaissances utiles,* mars 1832, p. 76.

(2) J'entends lorsque les revenus de la commune ne peuvent en couvrir la dépense.

nécessité avec l'économie du temps des administrés. Pour cela, point de passe-droits, d'exemptions; tous doivent concourrir à cette œuvre commune, parce qu'il y a bénéfice pour tous. L'autorité locale et ses délégués doivent y donner l'exemple par leur présence sur les lieux, par leur zèle à stimuler les corvéables, et à se mêler aux travaux s'il n'y a pas d'autre moyen d'en tirer d'heureux résultats.

Même impartialité dans la répartition du service journalier de la police communale, commandé sur les rôles du service ordinaire de la garde nationale. Ces contrôles sont établis par un conseil de recensement présidé par le maire et composé de deux des plus anciens conseillers municipaux (loi du 22 mars 1830). Je n'ai pas besoin de dire qu'ils doivent l'être avec une sévère équité, sans quoi il y aurait injustice dans la distribution de ce service qui est réglé par les soins du maire. Cette illégalité enlèverait, à ceux qui en seraient les victimes, un temps précieux qu'ils doivent consacrer à leurs occupations particulières; ce temps est, pour de simples citoyens, un trésor perdu qui ne se retrouve plus, car il est dévoré par le passé. Messieurs, la garde nationale est une institution grande, heureuse; elle appelle chaque citoyen à l'honneur de défendre ses propriétés, sa femme, ses enfans, les ossemens de ses pères, enfin l'indépendance et la gloire de la patrie; mais les charges qu'elle impose ne doivent pas nuire au bien-être, à l'aisance des familles, en temps de paix surtout, où cette garde n'est que la fidèle protectrice de la tranquillité publique et de la sécurité des citoyens. La loi

Service de police.

a eu la prévoyance de créer des jurys de révision pour redresser les erreurs ou les complaisances des comités de recensement, ou les vices dans les élections; mais la plupart des citoyens reculent devant une action en réclamation; la probité du magistrat doit donc y suppléer.

Police des foi-
res et marchés.

Dans les villes et les bourgs qui ont des marchés publics, les autorités locales ont établi des droits d'étal et autres. Ces droits sont perçus par des fermiers ou par des agens subalternes; dans chacune de ces communes, le maire doit veiller avec une scrupuleuse attention à ce que, pour un gain frauduleux ou sordide, ces percepteurs n'exigent pas au-dessus de la taxation, et surtout qu'ils ne perçoivent pas avec une brutalité qui éloigne la concurrence des vendeurs (ordonnance du 9 décembre 1814) (1). Ce magistrat n'est pas seulement le protecteur de ses administrés, il l'est encore de tous ceux que des spéculations commerciales, des affaires d'intérêt personnel, un but de curiosité ou de promenade attirent dans sa commune. Les égards, les prévenances, un ton d'aménité, provoquent un plus nombreux concours d'étrangers; ils y accroissent la consommation et celle-ci multiplie les moyens d'aisance. Cette politesse officieuse reçoit donc sa récompense. Le maire doit étendre cette surveillance salutaire sur les préposés aux octrois placés aux portes ou à l'intérieur

(1) Voir encore l'arrêté du 18 octobre 1798 (27 vendémiaire an 7), sur la perception de l'octroi de Paris, art. 3, 7, 13 et 14. Lois des 19 et 27 frimaire an 7, 5 ventose an 8.

des villes (1), et réprimer avec rigueur les actes d'infidélité, comme ceux arbitraires, qu'ils pourraient se permettre, surtout s'ils étaient contraires à la libre circulation et attentatoires aux bonnes mœurs. Les cités anciennes renommées par leur brillante prospérité se sont toutes distinguées par un accueil grâcieux et hospitalier envers les étrangers ; de ce nombre, nous citerons les célèbres villes d'Athènes, de Bizance, de Corinthe, de Tyr, de Marseille ; et notre belle France est aussi jalouse de conserver la palme d'urbanité que lui ont décernée, depuis des siècles, les autres nations de la terre. L'amour de la liberté constitutionnelle donne à tous les citoyens qui en sont pénétrés une plus noble idée d'eux-mêmes et une plus haute estime pour les hommes en général ; mais ce sentiment n'exclut ni la douceur, ni la grâce, ni la bonté qui font les charmes de la vie sociale.

Le maire tient sous sa responsabilité les archives de la commune ; c'est un dépôt sacré. Les administrés y puisent des renseignemens utiles, soit pour une possession d'Etat, soit pour la fixation d'un droit de propriété ou d'usage, soit pour constater l'origine et l'ancienneté des familles. Ces archives sont souvent un monument d'orgueil ou d'illustration pour la commune elle-même ; souvent aussi elles ont fixé l'indécision des tribunaux dans de grandes contestations judiciaires ; leur tenue, leur conservation,

Archives de la commune.

---

(1) Pour toucher la part revenant aux bureaux de bienfaisance sur les produits ou les recettes des établissemens publics.

est donc un des devoirs importans de sa magistrature (1).

Le maire est encore le dépositaire des plans et livres de section, du plan et de la matrice cadastrale des propriétés foncières du territoire communal; la **Répartition des contributions.** loi frappe l'impôt; la répartition par nature de contribution en est faite par les soins du maire et de répartiteurs nommés par l'administration supérieure. Ils opèrent concurremment et contradictoirement avec le contrôleur du canton. Dans cette importante et délicate opération, le maire est vraiment le protecteur né des droits de ses administrés; il doit les défendre surtout contre une certaine tendance des agens du fisc, qui recherchent quelquefois l'avancement ou la faveur par un excès de zèle à trop servir les intérêts du Trésor, et ne redoutent pas d'élever de trop justes plaintes (2).

Le paiement de l'impôt est chose juste, il ne doit point exciter nos murmures, mais il doit être réparti avec un équitable discernement, afin que son poids, déja pesant, ne devienne pas insupportable. Il doit nous suffire de déplorer que des circonstances plus heureuses ne permettent pas de l'alléger, surtout à l'égard des classes pauvres; certes, les grands pouvoirs de l'État ne se refuseront pas au plaisir de mériter les bénédictions du peuple français, dès qu'ils pourront lui procurer cet adoucissement.

(1) Le maire doit en tenir un inventaire exact et le transmettre à son successeur.

(2) Comme on s'en est plaint, peut-être à tort, dans beaucoup de localités, lors de la répartition de l'impôt de quotité.

2° Il serait à désirer que les maires donnassent à Extraits de ma-
trice cadastrale. tous leurs administrés des extraits de la matrice cadastrale, conforme au modèle que je joins ici (1). « Au « moyen de cet extrait, tenu avec soin, en dit l'auteur, « l'on verra disparaître les difficultés si fréquentes « qui s'élèvent sur les capacités électorales, sur la dé- « livrance des états d'inscriptions et sur les caution- « nemens en immeubles. Un citoyen ne sera plus « exposé à payer les contributions de biens qu'il ne « possède pas, et l'on sera à l'abri de cette classe d'u- « suriers qui spéculent sur le désordre et sur l'obs- « curité dont les titres de propriété sont trop sou- « vent entourés. » J'ajouterai que MM. les maires ne doivent point opérer de mutation sur la matrice- rôle, sans le titre qui la constate, afin que la confu- sion ne se perpétue pas dans la possession territo- riale et que les usuriers dont on vient de parler n'é- chappent point au paiement du droit de mutation, et, par des ventes simulées (2), ne donnent pas ma- tière à des procès, sujet de ruine pour des familles laborieuses et sans défiance. Beaucoup de ces admi- nistrateurs ne se livrent pas eux-mêmes à ce genre de travail, mais il leur importe de l'étudier et d'en être les régulateurs.

3° Le maire, en sa qualité de chef de la commu- nauté, établit la mercuriale des grains, et par suite, Mercuriales
des grains et
taxe du pain. la taxe du pain et de la viande (3). Toute complai-

(1) Ce modèle se trouvera à la fin de l'ouvrage.

(2) Ces ventes sont très communes dans la contrée habitée par l'auteur.

(3) Article 30 de la loi du 19-22 juillet 1791 et loi du 16-24 août 1790.

sancé ou condescendance de sa part, pour des intérêts opposés à ceux de la masse des consommateurs,
serait un crime consciencieux que la loi n'atteindrait
pas, peut-être, mais qui exposerait son auteur à la
haine publique : supplice bien dur pour un magistrat
jaloux de la considération et de l'estime de ses administrés. Il est sans doute des jugemens iniques de
l'opinion dont un homme délicat et sensible sup-
porte l'effet avec impatience et une profonde affliction, mais cette affliction doit être insupportable
lorsqu'il ne peut en appeler à sa conscience, à ce
tribunal désapprobateur de toutes les actions contraires à la justice.

**Le maire con-
servateur des
monumens pu-
blics.** 4° Le maire est le conservateur des monumens
publics ; nous ne ferons pas ici, Messieurs, l'inutile
nomenclature de ceux des grandes villes, elle serait
déplacée ; nous nous bornerons seulement à dire que
les propriétés du plus grand nombre des communes
sont les églises ou temples, les maisons d'instruction, les hôpitaux, les halles, les maisons communes, les presbitères, etc. ; elles font une partie essentielle de leur fortune foncière ; il est donc impor-
Leur entretien. tant que le maire en soigne l'entretien et la conservation dont la dépense est fixée au budget après
avoir été débattue par le conseil, dans une de ses
quatre sessions annuelles ; cependant comme elles
ont lieu à des époques éloignées, si dans l'intervalle
un de ces bâtimens, un pont, un aquéduc, etc. ;
exigeait une réparation urgente, le maire deman-
derait à l'administration supérieure une convocation
extraordinaire et spéciale qui ne lui est jamais re-

fusée, afin d'y pourvoir ; car sa responsabilité serait gravement compromise, si, par une indifférence impardonnable, il laissait un de ces établissemens se dégrader ou tomber en ruine.

L'entretien du mobilier de l'église est ordinairement à la charge de la fabrique, dont l'administration est confiée à un conseil qui en détermine les recettes et les dépenses dans un budget particulier. Le maire n'en est pas le président, mais il en est membre né ; ainsi, sa qualité de premier administrateur de la communauté lui donne, dans ce conseil, une grande influence ; il le dirige, l'éclaire par son habitude des affaires, jette un regard scrutateur sur l'emploi de deniers provenant, la plupart, de legs testamentaires ou de dons offerts par la munificence publique ; il veille surtout à ce que les fonds ne servent pas à des largesses inégales, sans utilité dans leur objet. Les budgets des fabriques n'ont point de publicité, il faut donc les soumettre à un examen d'autant plus sévère. J'observerai que les ornemens qui embellissent l'intérieur du plus grand nombre des églises de nos communes ne marquent aucun progrès dans les arts ; la sculpture en est gothique, leurs formes sont grossières et sans proportion, les figures n'y ont pas cette expression inspiratrice que donne la contemplation des choses divines. La peinture mérite la même censure, si nous en exceptons cependant quelques beaux tableaux négligés : dons de la piété de riches fidèles. Ce n'est point par l'éclat de l'or et de la topaze que doivent briller les autels du Christ, mais chez une nation

Mobilier des églises et des temples.

2*

éclairée comme la nôtre, tout ce qui est de mauvais goût et contraire aux règles de l'art, doit disparaître. C'est le seul moyen d'encourager les vrais artistes, de les former aux bonnes études ; la nature leur offre des modèles parfaits ; qu'ils s'attachent à les imiter. Nos palais, nos hôtels, nos maisons, nos théâtres, respirent dans leurs décors un goût pur, élevé, gracieux ; pourquoi les temples consacrés à nos prières, destinés à nous rappeler sans cesse la grandeur de Dieu, sa toute puissance, la beauté de ses œuvres, n'auraient-ils point, dans le style de leurs ornemens, une perfection, un fini dignes de leur objet ? Imitons en cela les anciens ; c'est aux temples de leurs Dieux qu'ils consacraient les premiers chefs-d'œuvre de leurs inimitables artistes.

Ces changemens ne peuvent s'opérer tout à coup, mais par degré, au fur et à mesure des remplacemens à faire, ou des ornemens à créer ; ce qui est beau devient la conquête du temps, les siècles en saisissent la possession avec orgueil comme une de leurs gloires.

Les mêmes progrès doivent se faire remarquer dans les autres constructions, tout doit respirer une grande pensée. Prouvons, Messieurs, que le siècle avance et ne recule pas, c'est le plus noble moyen de punir ses détracteurs.

Propriétés rurales.

Il est encore d'autres propriétés confiées à la surveillance du maire, celles que nous appelons rurales ; il ne suffit pas d'arracher à celles-ci quelques produits, il faut encore les aborner pour arrêter les anticipations, défricher celles qui sont incultes, donner ce défrichement aux pauvres avec un avantage réel pour eux, répandre de l'aisance sur tous; c'est rapprocher les anneaux de la chaîne sociale, c'est ôter de la vue du riche des haillons qui importunent son opulence. Messieurs, le travail honore tous les hommes, il est la plus douce loi de l'existence humaine; il épure les mœurs, fortifie le corps, satisfait l'âme, donne aux traits de la sérénité. Eh bien! il faut entrouvrir la mine qui doit le produire; pour cela on doit encore donner à la classe pauvre l'ensemencement et la plantation des terrains qui ne peuvent être utilisés qu'en forêts. Il s'est fait dans ce genre d'innombrables améliorations, mais il en reste beaucoup à faire; c'est à MM. les maires à les indiquer. Leur paternelle sollicitude doit rompre l'égoïsme du siècle, contre lequel tout le monde gronde et dont personne ne veut se dépouiller : mal profond de nos sociétés modernes, et qui nuit beaucoup aux progrès des classes inférieures qui ne peuvent s'élever au dessus d'elles-mêmes par leurs seuls moyens. C'est de cette presse de la misère que sortent les séditions; elles fermentent, s'ouvrent un cratère, comme ces matières volcaniques et bitumineuses dont la croûte des montagnes ne peut plus contenir l'ébullition.

5° Le maire est le gardien et doit être l'exemple des mœurs publiques. Messieurs, la première pensée des électeurs communaux, trop faciles à la brigue encore, jusqu'au perfectionnement de l'éducation constitutionnelle, doit être de s'attacher à des choix vertueux; tout ce qui s'écarte de ce principe a son danger; nos institutions politiques ont fait la part à la fortune, à la propriété, nous devons, Messieurs,

Le maire gardien des mœurs publiques.

Epuration dans les choix, par intérêt pour les mœurs.

nous qui sommes au bas de l'échelle électorale,
montrer notre sagesse en recherchant, outre le
cens immobilier, la science, le dévouement, la
moralité dans les actions; plus on descend vers les
masses, plus le besoin de ces garanties se fait sentir;
le choix de nos conseillers municipaux doit être fixé
avec discernement, sans passion ni esprit de parti :
viennent ensuite ceux du roi et des administrations
supérieures. Nul doute que leurs choix porteront
aussi sur les plus dignes par leurs lumières et leur
degré d'estime dans l'opinion communale. Mais,
Messieurs, on ne bâtit pas dans un jour un monument nouveau; ainsi, par nos choix épurés, le maire
sera, comme je l'ai dit, le *modèle* des bonnes mœurs;
sa vie privée étant plus exposée aux regards de tous,
il craindra la censure. J'ai entendu de grandes populations déverser un juste blâme sur la vie domestique de leur premier magistrat (1); il est toujours
dangereux de donner cette prise à l'opinion.

Délits contre les mœurs.
Mais comment le maire est-il encore le gardien
des mœurs publiques? 1º En empêchant la vente, la
publication, la distribution des livres, des pamphlets
licencieux, des figures ou images obscènes, capables
de porter le désordre dans les sens, de livrer à la
débauche une imprévoyante jeunesse et les classes
ignorantes de la société. Il ne doit pas craindre d'en
livrer les auteurs et les vendeurs à la sévérité des
lois, lorsqu'ils n'auront pas cédé de suite à son injonction paternelle (2).

(1) Je ne parle que de la commune.
(2) Art. 283, 284 et 475 du Code pénal, loi du 22 juillet 1791.

2° En traduisant de même devant les tribunaux ceux qui auront attenté publiquement aux mœurs, par outrage à la pudeur des femmes, ou qui seraient accusés d'avoir débauché ou favorisé la débauche et la corruption des jeunes gens de l'un et de l'autre sexe (1).

3° Ceux qui se seraient permis publiquement d'outrager les objets d'un culte quelconque (2) ou ses ministres en fonctions.

Messieurs, nous n'avons rien de plus précieux que l'honneur de nos familles. Si nous pouvions nous rendre les témoins des scènes de douleur qui se passent auprès des foyers domestiques et qui sont causées par le désordre des mœurs, ah! combien nous bénirions la main du magistrat qui arrête ce désordre dans sa marche progressive. Ne nous y trompons point, la civilisation dans son perfectionnement a ses dangers aussi; Athène, Corynthe, Alexandrie, Carthage, Rome, nous l'ont prouvé. Après la mort du dernier Caton, la censure n'a plus été exercée, ou, si elle l'a été, elle n'a plus produit dans cette dernière ville que des efforts impuissans; le mal s'y était grossi comme un torrent auquel on ne peut plus opposer de digue. Auguste, destructeur de ses dernières libertés, a ressaisi le pouvoir censorial et rendu nombre d'édits pour ramener la population romaine aux mœurs antiques; mais que pouvait un

Leur conser-
vation.

(1) Loi du 22 juillet 1791; art. 8, tit. 2, 330, 331 du Code pénal, 334 du même Code.

(2) Loi du 22 juillet 1791, tit. 2.

prince qui dans sa jeunesse avait signé des listes de proscription, et dont la famille toute entière présentait le spectacle d'une licence effrénée? Nous, Messieurs, qui débutons dans la voie tout-à-fait constitutionnelle, plus prévoyans, opposons la morale des lois et des principes à l'irréligion, et au désordre des sens le blâme de l'opinion; donnons au mérite, à l'honneur, ce que sous Tibère et ses successeurs on donnait à la faveur, à la délation, au crime, et nous jouirons à double titre du bienfait des lumières et de l'indépendance.

Le maire doit encore porter un œil d'Argus sur ces maisons de prostitution et de jeux, où le père de famille va perdre son honneur, sa réputation; le fils, le fruit des longues économies de ses parens, compromettre son avenir par l'usure, et négliger, au sein de dangereuses dissipations, l'emploi de son temps à l'avancement de son rayon scientifique (1).

Ce magistrat n'est pas moins responsable de la tranquillité des nuits et du repos des citoyens; on peut les assurer en faisant exécuter avec soin les réglemens administratifs sur la fermeture des cabarets, dont la fréquentation nocturne cause la misère des familles ouvrières, laisse les femmes et les enfans dans l'abandon et le besoin, et fait la désolation de nos campagnes.

Délits de mendicité, de vagabondage et autres, attentatoires aux mœurs publiques.

La sollicitude du maire doit s'étendre plus loin encore : 1° sur la répression du vagabondage; 2° sur celle de certaines classes de mendians (2); 3° sur

(1) Loi du 22 juillet 1791, art. 5, tit. 2.
(2) Même loi, quatrième genre de délits.

l'éloignement de sa commune de ces troupes connues sous le nom de Bohémiens, qui y propagent la
magie, la sorcellerie, abusent des gens simples et crédules, dont ils gâtent l'esprit, corrompent le cœur
et escroquent l'argent (1); 4° sur les associations
illicites ou de malfaiteurs, tendant, les unes à porter atteinte à la sûreté des personnes et des propriétés, les autres à blesser la réputation, le crédit des
familles estimables par des écrits clandestins ou contraires aux mœurs (2); 5° sur le respect dû aux tom-
bes et aux sépultures, chers objets de notre vénération (3).

6° Le maire est l'ami de la jeunesse; oui, Mes- Le maire appui et ami de la jeu-
sieurs, par les soins qu'il donne à son instruction, la nesse.
surveillance qu'il exerce sur ses habitudes, les maximes de probité qu'il fait descendre en son cœur, la répression attentive qu'il porte sur le maraudage, vice
habituel de l'enfance, et sur les actions déshonnêtes
en général; par le maintien décent, respectueux,
soumis, qu'il lui fait contracter dans les réunions
publiques, comme celles qui ont lieu dans les édifices consacrés au culte, les écoles, les assemblées
communales pour la distribution des prix ou autres.
Il est le père de la jeunesse, en veillant à ses besoins,
en rectifiant à son égard la trop grande sévérité des
instituteurs, en ramenant les parens de l'insouciance

(1) Section 5 du Code pénal, chap. 1er, section 3, art. 479 du
même Code.

(2) Sections 5 et 7 du même Code.

(3) Section 7, chap. 1er et section 6, chap. 2, art. 352 du même
Code.

au devoir par la force entraînante de la persuasion, en encourageant les petits legs, les actes de générosité en faveur de l'instruction, en la répandant gratuitement et à l'aide de ces legs, sur les élèves indigens, et en leur procurant des livres élémentaires ; il l'est, en fondant pour cette jeunesse en général, des prix d'émulation : prix composés d'ouvrages littéraires et à sa portée, sur ses devoirs de piété, de morale, sur des traits nationaux d'héroïsme, de générosité, de grandeur d'âme, de dévouement périlleux. Enfin, ce magistrat est le guide de la jeunesse, en fixant ses regards sur les marques de respect, de considération, de déférence, qu'elle doit au digne prêtre, au vénérable pasteur qui veille à son éducation après l'avoir édifiée par ses actions ; aux administrateurs qui l'encouragent ; aux personnes généreuses qui la dotent ; et, pour en finir, en invoquant un juste salaire, de nobles encouragemens, pour l'instituteur qui la donne.

Le maire est l'appui du malheureux.

7° Le maire est l'appui du malheureux. C'est ici, Messieurs, qu'un vrai magistrat peut épancher de l'urne du bien les trésors de mansuétude que le ciel a versés dans son âme. Un cœur sensible est vraiment une source inépuisable de générosité, de compassion, de libéralités de toutes les sortes. Dans ce devoir philantropique, le maire est secondé par un comité de bienfaisance dont les membres sont choisis par l'administration supérieure, sur la candidature qu'il propose (1). Ainsi leur choix est déjà un des

(1) Dans les villes, la commission des hospices est aidée par des comités de charité, dont les plus hauts dignitaires font partie.

objets de sa charitable sollicitude; voyons quels sont les autres : 1º de féconder envers les pauvres la vigne du Seigneur, c'est-à-dire, de multiplier par une sage administration les revenus de leur héritage, le placement bien garanti des capitaux versés par la charité publique, et de provoquer à cet effet le zèle de l'agent comptable; 2º de discerner le véritable indigent de celui qui se revêt de ses lambeaux : sorte d'hypocrite qui, sous une misère simulée, cache un cœur corrompu et des habitudes vicieuses; 3º d'étendre particulièrement sa paternelle bonté sur la veuve, l'orphelin, la vieillesse décrépite, l'incurable infirmité; sur la mère de famille abandonnée, l'ouvrier malade, le petit cultivateur accablé de calamités imprévues, la femme en couches; 4º de ne pas borner ses secours à quelques deniers distribués, mais de les multiplier de mille manières, je veux dire : 1º par des métiers donnés à la jeunesse; 2º de l'instruction à l'enfance; 3º des maisons d'asile aux vieillards et aux petits enfans; 4º par l'établissement de salles de chauffage dans la saison rigoureuse; 5º des distributions de denrées dans les chertés et les disettes. 6º Le maire est l'appui du malheureux en procurant le secours gratuit du médecin cantonnal et de la sage-femme rétribuée aux malades indigens; 7º en ordonnant la distribution de remèdes gratuits pour les rendre à la convalescence; 8º en donnant du travail aux bien portans; 9º en faisant de fréquentes visites, et en temps imprévu, dans les hospices civils, les maisons de détention, pour en reconnaître la tenue, l'ordre, la propreté, surtout la

Bienfaisance et secours.

qualité des alimens que l'on y distribue, et en y répandant ces paroles de consolation qui rassurent l'infortune, lui rendent l'espoir et lui donnent la force de supporter l'adversité. Tous ces malheureux sont hommes, et s'ils ont eu quelques torts, ces torts ne sont-ils pas en partie les erreurs du passé, que le présent oublie et que l'avenir corrigera? Plus la magistrature administrative étendra le réseau de sa vaste puissance, plus les crimes, les délits, les vices qui déshonorent notre espèce diminueront. Quel beau jour pour un prince populaire, que celui où ses ministres lui apprendraient que les prisons de ses vastes Etats sont vides! Quelle conquête pour la religion et la philosophie, si ce bonheur devenait leur ouvrage! Je sais, Messieurs, que c'est un beau rêve; mon cœur en savoure l'idée et me ramène malgré moi à la triste réalité.

Le maire régulateur de l'opinion politique. 8° Le maire est le régulateur de l'opinion publique; Messieurs, dans les grandes crises d'Etat qui viennent parfois troubler notre repos, réveiller notre apathie, dissiper les rêves séduisans de l'ambition, les esprits reçoivent des impressions diverses qui se modifient selon les caractères, les intérêts, la position sociale, le degré d'instruction. Dans cette sphère de vicissitudes et de versatilités politiques, les passions s'irritent, les ambitions se nourrissent d'espérances trompeuses, l'esprit de parti s'agite et fait pétiller l'étincelle sur des matières inflammables, promptes à produire une explosion ou un vaste embrâsement. Dans cette tourmente, le vaisseau de l'Etat, battu par des vents contraires, navigue péniblement sur un océan d'opposition ; les rameurs se fatiguent, s'épuisent, quittent le banc, jusqu'à ce que le temps, qui domine tout, ramène le calme, rende à la voile son gonflement accélérateur, au pilote son gouvernail.

Dans ces commotions du corps social, un magistrat pénétré de ses devoirs n'abandonne pas lâchement le poste que la loi lui a confié; au contraire, il rassemble les rênes de l'administration, les tient d'une main plus ferme, redouble de vigilance, prévient les malheurs que le cri d'une opinion froissée, un quart d'heure d'hésitation, eussent pu causer à ses concitoyens. C'est ainsi que le maire devient, dans sa grande ou sa petite commune, le régulateur de l'opinion publique; il y suit des yeux les malveillans qui se plaisent à faire naître ou à nourrir des mécontentemens, à semer des inquiétudes dans l'esprit des gens ignorans ou facilement crédules. Le maire rassure, par ses paroles et sa contenance, les timides toujours prompts à s'effaroucher, et dont le découragement détruit la confiance; un mot prononcé sur la place des réunions, au cercle des administrés, une proclamation émanée d'un magistrat aimé, appaisent, dissipent l'orage, et rendent la sérénité à l'horison politique. Sage, modéré, il ne se passionne pas, lui, il suit son devoir; son autorité n'est pas une arme à deux tranchans; à la fois homme, citoyen, organe de la loi, il comprend les positions, les juge, ne prononce pas sans examen; il sait qu'il faut pardonner quelque chose aux murmures des intérêts lésés, aux espérances déçues, à l'opulence dé-

Conduite qu'il doit tenir dans les rumeurs publiques.

Son dévouement.

pouillée, au pouvoir tombé. Aussi il adoucit, concilie, ramène aux idées nouvelles, fait apprécier les institutions, chérir le prince, comprendre les difficultés d'une administration entourée d'obstacles et *Sa prévoyance.* de difficultés. Sa prévoyance est de tous les instans, elle rompt les trames dangereuses, découvre les projets malveillans, prévient l'émeute; sa voix invoque le retour à la raison avant d'employer un remède souvent plus violent que le mal qu'il doit guérir (le recours aux tribunaux). Il appelle près de lui les hommes mal intentionnés, leur parle avec bonté, leur montre la profondeur de l'abîme qu'ils vont creuser sous leurs pas, les invoque à cesser leurs complots, au nom de leurs épouses, de leurs enfans, au nom de cette tranquillité qu'ils vont troubler et des victimes qu'une aveugle imprévoyance et quelque peu d'or vont produire. S'il trouve ces furieux inaccessibles au langage du sentiment et de la raison, il les abandonne à leur mauvais destin, mais il redouble de surveillance à leur égard, il les fait observer et suivre par ses agens, et, au moment d'un éclat prévu, il les arrête avant la consommation du mal. Alors, le temps de l'indulgence étant passé, il livre ces coupables entêtés à la rigueur judiciaire. C'est ainsi qu'il maintient la paix et la tranquillité dans sa commune.

Le magistrat qui se conduit avec ce zèle humain et cette prudence mérite bien de la patrie et de la famille qu'il administre; s'il descend dans son cœur, il y entend une voix secrète qui lui dit à chaque heure du jour : *Tu as bien fait.* Sa vertu répond à

ses détracteurs, car l'estime générale les force au
silence ou étouffe leurs plaintes; d'ailleurs, dans
tous les actes de sa bienveillante autorité, il n'a pas
agi sans remplir un devoir de commande, celui de
prévenir de ses dispositions l'autorité supérieure,
de la pressentir sur les dangers qu'il redoute, sur
son désir de fixer l'ordre et le repos par la douceur.

Ailleurs, on se bat, le sang coule, le crime aiguise
l'arme de la vengeance; les factions, d'un œil féroce,
choisissent froidement leurs victimes. Dans la commune du sage maire, tout reste calme, les nuances
d'opinion se fondent, des ressentimens peu profonds
s'éteignent, d'anciennes relations se renouent, les
liens du sang, les amitiés d'enfance se resserrent,
une confiance mutuelle s'établit, un espoir conso-
lant ranime tous les cœurs : il se fonde sur les efforts
d'un gouvernement qui promet l'empire des lois; et
ce résultat est l'ouvrage d'un simple magistrat, ferme
dans son devoir comme inaccessible à toute crainte,
à toute menace, qui tendraient à l'en détourner.
Mais l'opinion politique inoffensive n'est pas la seule
qui réclame des égards et l'appui des lois; il en est
une autre, et celle-là est du domaine de la conscience. La Charte dit (art. 5): « Chacun en France
professe sa religion avec une égale liberté, et ob-   Tolérance re-
tient pour son culte la même protection. » Cette ligieuse, protec-
                                                      tion donnée aux
disposition de notre pacte fondamental doit rece- cultes et à leurs
voir son exécution. Vous le savez, Messieurs; la pen- ministres.
sée religieuse échappe à l'action des lois; libre, nous
devons la respecter jusqu'en ses écarts. On éclaire
la raison qui s'égare par les préceptes de la sagesse,

qui épurent et font briller la vérité à travers les té-
nèbres de l'erreur. Les persécutions, au contraire,
irritent, excitent à la désobéissance et propagent
plus secrètement, mais par mille filamens imper-
ceptibles, l'esprit de secte. On combat mieux cet
esprit par le ridicule et l'indifférence ; il ressemble
alors à ces courans peu rapides qui vont se perdre
inaperçus au milieu des prairies. Il est donc du devoir
des magistrats de faire respecter les temples, les ministres des divers cultes reconnus par nos lois, et
d'en protéger le libre exercice. La tolérance religieuse est une des garanties de l'ordre social ; c'est
pourquoi l'on doit empêcher que, dans les leçons de
l'école, on ne fasse naître des haines, des antipa-
thies contre d'autres religionnaires. Ces inspirations
dangereuses entretiennent et perpétuent des divisions contraires à la liberté légale ; d'ailleurs, elles
font descendre dans l'âme des enfans des idées également contraires à cette maxime divine, consacrée
par tous les cultes : *Aime ton prochain comme toi-
même.*

Le maire sur-
veillant né du
respect dû à la
propriété.

9° Le maire est le surveillant né du respect dû
aux propriétés particulières et à leurs produits agricoles. Messieurs, la loi défend avec une prévoyance
admirable les intérêts de l'agriculteur (1), de ce
nourricier du genre humain, que le soleil, à son lever, trouve à son labeur, et qu'à son coucher il y re-

(1) Cependant depuis long-temps on réclame la rédaction d'un
Code rural, sans doute pour remplir quelque lacune et opérer la
fusion de plusieurs lois en une seule.

trouve encore. Elle a placé la police des campagnes sous la responsabilité des officiers de police judiciaire et sous la surveillance continuée d'agens spéciaux appelés gardes-champêtres, nommés par les conseils municipaux, avec l'approbation de l'administration supérieure, et rétribués sur les fonds de la commune ou par des cotisations particulières des propriétaires entre eux (1). Ces agens prêtent serment devant le juge-de-paix de leur canton, et, de ce jour, ils prennent rang parmi les officiers de police judiciaire (2). La police des forêts est faite par des gardes ou préposés de l'administration forestière, agissant sous l'inspection directe de leurs chefs. Ces agens prêtent serment devant le tribunal de première instance de l'arrondissement et prennent le même rang dans la police judiciaire (3); mais ils n'exercent, les uns et les autres, que dans la banlieue communale, ou les triages qui leur sont affectés. Les uns et les autres recherchent les délits et les contraventions qui portent atteinte à la propriété rurale ou forestière; ils dressent des procès-verbaux qui en constatent la nature, les circonstances, le temps, le lieu, ainsi que les preuves et les indices qu'ils ont pu en recueillir (4).

Ils suivent les choses enlevées dans les lieux où elles

Agens de la police rurale.

Gardes forestiers.

Leurs procès-verbaux.

(1) Dans quelques localités les citoyens remplissent ces fonctions à tour de rôle.

(2) Dont le témoignage écrit est cru jusqu'à la preuve contraire.

(3) Ils sont crus jusqu'à inscription de faux.

(4) Loi du 28 septembre, 6 octobre 1791 et art. 16 du Code d'instruction criminelle.

ont été transportées, les mettent en sequestre (1); mais il leur est interdit de s'introduire dans les maisons, ateliers, bâtimens, cours adjacentes et Leurs visites. enclos sans la présence d'un magistrat (2) qui la constate au procès-verbal qui en est dressé, et devant lequel aussi ces mêmes gardes conduisent l'individu qu'ils ont trouvé en flagrant délit, ou bien qui leur est dénoncé par la clameur publique, mais seulement lorsque le délit emporte la peine d'emprisonnement ou une plus grave.

Je ferai observer à MM. les maires ou à leurs adjoints qu'il est toujours douloureux de violer l'asile ou le domicile d'un citoyen; qu'en cette circonstance une pénible nécessité, celle de rechercher les preuves matérielles d'un délit, fait sortir la loi du texte de nos institutions primordiales, et cela sur la réquisition de simples agens, en général peu éclairés, et Conduite à tenir par les magistrats qui y assistent. parfois aussi peu délicats sur les moyens de recherche. C'est pourquoi les magistrats doivent s'attacher à trouver des indices presque certains du fait avant de jeter l'épouvante dans une famille, ou de porter atteinte à sa réputation, et de l'exposer, par un éclat souvent inutile, à la censure d'un public toujours prompt à déverser la calomnie (3). Je me dispenserai de leur dire, puisque je parle à des magistrats, que

(1) Art. 1961, 1962 et 1963 du Code civil.

(2) Le juge-de-paix, le maire ou son adjoint.

(3) Ces indices sont simplement moraux, le maire ne peut jamais se dispenser de déférer à la réquisition qui lui est faite par le préposé.

ces sortes de visites doivent se faire avec des égards, des procédés propres à calmer une irritation, injuste sans doute, mais difficile à maîtriser.

Les gardes forestiers et champêtres affirment la vérité de leurs rapports, dans le chef-lieu du canton, devant le juge-de-paix ou son suppléant, et dans les autres communes devant le maire (1).

Messieurs, la loi française a remis un terrible pouvoir aux mains de simples agens forestiers, en acceptant leurs procès-verbaux jusqu'à inscription de faux. Elle a remis à leur discrétion la petite fortune ou les minces économies de beaucoup de familles pauvres. Je me plais à croire qu'aucun d'eux n'en abuse, mais beaucoup pourraient en abuser. Je le demande : où est la garantie sociale avec des préposés rétribués d'un traitement de quatre à six cens francs par an ? d'ailleurs personne n'est exempt de passions. Persistant cependant dans mon opinion favorable à leur égard, et par conviction et parce qu'en principe d'équité, le mal ne se suppose pas mais se prouve, je dirai aussi qu'une erreur dans le métrage d'une souche, une inadvertance dans l'énoncé des faits, un défaut d'identité de personne, ont de fortes conséquences avec une pénalité qui entraîne à la fois condamnation à l'amende, à la restitution, aux dommages et intérêts, aux dépens, et souvent à l'emprisonnement, et qui fait peser la responsabilité civile sur des innocens et sur des personnes

(1) 6 octobre 1791, et art. 6 du Code forestie

3*

étrangères au délit commis, comme pères, mères, maris, tuteurs, maîtres et commettans.

Messieurs, deux chefs de famille, maçons de profession, réunissant ensemble treize enfans, avaient été autorisés à enlever quelques tombereaux de pierres pour les réparations d'un pont sur une route départementale ; ces pierres ou grès étaient carriées d'un terrain communal, vague, inculte, couvert de roches sans utilité, enfin terrain perdu. Ces maçons prirent pour leur usage particulier un tombereau (1) de ces pierres ; un garde forestier en dressa procès-verbal, estima le dommage à 1 franc 50 centimes (2). Il est probable que l'on invoqua contre eux l'ancienne législation (3), mais ils furent condamnés en 500 francs d'amende, autant de restitution et aux dépens. Ces malheureux allaient faire une vente simulée de leurs petits immeubles, croyant sauver par là quelque chose à leurs familles ; je les arrêtai au bord de cet abîme sans fond, où l'homme perd sa probité et souvent ce qu'il croit avoir sauvé du naufrage. J'ai été assez heureux pour leur faire obtenir du ministère une réduction de 800 francs, et ce qu'ils payèrent encore représenta plus de deux cents fois la valeur de l'objet enlevé ; mais ce misérable tombereau de

(1) Tombereau conduit par un seul bœuf ou un seul cheval.

(2) Ces pierres n'ont aucune valeur intrinsèque, parce qu'elles sont dédaignées pour la bâtisse.

(3) Les ordonnances de Louis XIV, sur les carrières, inapplicables dans l'espèce et que l'on n'eût pas invoquées, si le procès-verbal du garde eût été bien explicite. Ce préposé en a été désolé et a aidé, par une déclaration, à réparer son erreur.

pierres a porté une atteinte fatale à l'aisance de ces deux pauvres familles, et, sans un acte de la bienveillance ministérielle, il allait causer la ruine de dix-sept personnes. Messieurs, le pauvre est riche de peu, et c'est de ce peu dont nous devons être avares!

Notre Code forestier est sévère, il devait l'être aussi, dans l'état de destruction de nos forêts; il y allait peut-être de l'avenir de la France : avenir déjà redouté par d'Aguesseau (1) : généreuse crainte qui avait son motif dans le patriotisme de ce grand homme. Nos nombreux repeuplemens, les soins, le salutaire rigorisme de l'administration forestière, l'ont heureusement rendue chimérique. Cependant un trait comme celui que je viens de citer, entre un grand nombre d'autres, peut-être, suffit pour éveiller la sollicitude du ministère, mettre les tribunaux en garde, et faire réfléchir le législateur, qui n'a voulu ni la ruine du pauvre, ni l'encombrement des prisons.

Aussi les magistrats de l'ordre inférieur, qui reçoivent l'affirmation des préposés, doivent y mettre toute la solennité possible, en se renfermant dans les formes prescrites, et en leur représentant toute la responsabilité que l'oubli de leurs devoirs, et la moindre légéreté ou inadvertance dans l'exposé des faits, feraient peser sur leur conscience (2).

Affirmation de procès-verbaux en matière de délits.

(1) Chancelier de France, sous Louis XIV, pendant quarante-huit ans; mort en 1751, l'un des plus grands jurisconsultes et ministres de la France.

(2) Art. 16 et 18 du Code d'instruction criminelle.

Police rurale. La conservation des récoltes est placée par la loi sous la surveillance et la garde de tous les bons citoyens (1); il est donc de leur devoir de dénoncer aux autorités locales tout ce qui peut en compromettre la conservation (2).

Récoltes abandonnées. Souvent, au moment de les recueillir, des cultivateurs en sont empêchés soit par motif d'absence, d'appel aux armées, de maladie, soit par des accidens imprévus. La loi toujours bienveillante a prévu ce cas; elle charge le maire du soin de faire serrer les récoltes abandonnées (3). Il doit être en cette occurrence, non seulement magistrat, mais encore citoyen bienfaisant, faire un appel à la complaisance des autres cultivateurs; leur donner par lui-même l'exemple d'une bonne action, c'est leur en faire contracter la douce habitude; en cas de refus de leur part, ce qui n'est pas présumable, les frais de cette rentrée sont couverts par la vente d'une partie de la récolte (4).

MM. les maires et les adjoints sont spécialement chargés de la police des campagnes; les délits qui s'y commettent sont de la compétence des tribunaux correctionnels ou de simple police, selon leur degré de gravité. Parcourons ici la série des actes sur lesquels elle s'exerce plus particulièrement.

Echenillage des arbres. 1° Ces magistrats doivent ordonner et surveiller

(1) Art. 11 de la loi du 20 messidor an 3 (8 juillet 1795).
(2) Art. 12, même loi.
(3) Art. 1er, section 5 de la loi du 28 septembre 1791.
(4) Art. 1er, section 5 même loi.

l'échenillage des arbres après l'époque du 20 février
de chaque année, en se conformant eux-mêmes à
cette disposition sur les propriétés communales, seul
moyen d'extirper cette contagion arboricole (1).

2° Ils doivent veiller à la sévère exécution des
bans de vendange, aux époques fixées par les conseils municipaux où ces bans sont en usage (2). *Bans de vendange.*

Je rappèlerai à ce sujet à nos magistrats agricul-
teurs que nulle autorité n'a le droit de suspendre
ou d'intervertir les travaux de la campagne dans les
opérations de la semence et des récoltes ; leur pouvoir ici doit être tout protecteur (3).

3° Ils doivent prescrire aux agens de la surveillance
de porter une attention particulière sur les semis
des forêts communales et particulières (ceux des
forêts de l'Etat sont sous une surveillance spéciale) ;
celle communale doit s'étendre sur les jeunes plans de
châtaigniers, capriers, oliviers, oseraies, vignes ; sur
les autres pépinières et particulièrement sur les gref-
fes des arbres (4), riche espoir du cultivateur, dont
la conservation intéresse l'avenir et promet des ressources à cette accroissante population qui, dans nos
provinces du nord et de l'est deviendrait effrayante,
si l'Amérique centrale, notre grande colonie du
nord de l'Afrique, la Grèce et l'Espagne même,
ne réclamaient des bras accoutumés au travail des

*Semis de fo-
rêts communa-
les.*

(1) Loi du 26 ventose an 4 (16 mars 1796), Code pénal, art. 475,
§ 8.
(2) Art. 475 du Code pénal.
(3) Art. 1er, section 5, loi du 28 septembre 1791.
(4) Même loi, art. 24, tit. 2, Code pénal, art. 447 et 475, § 10.

champs, pour défricher des terrains neufs , ou cul-
tiver des contrées que des guerres intestines, d'un
côté, et le despotisme des beys, de l'autre, ont rendues incultes.

Dégâts ruraux. 4° Etendre la répression la plus active sur les
dégâts commis par les porcs , les chèvres (1) et les
oies , dont le grouin, la dent et le bec (2) portent
un ravage irréparable sur les plantes ou dans les
champs; mais les fonctionnaires doivent aussi corriger ce que cette répression a d'onéreux pour le journalier ou le petit cultivateur , en leur faisant ouvrir, sur les grands parcours, des lieux particuliers
de pâture, jusqu'à ce que l'enlèvement des récoltes
leur procure de vastes jachères (3).

Glanage, rate-
lage et grapilla-
ge. 5° Faire exécuter les réglemens administratifs sur
le ratelage , le grapillage , et le glanage , afin que
ces faibles ressources du pauvre , ne dégénèrent pas
en délit ; c'est un petit avantage que le cultivateur
aisé lui abandonne avec plaisir.

Messieurs , le glanage surtout remonte à la plus
haute origine. Il nous vient des peuples pasteurs ;
nous nous rappelons avec un touchant intérêt que
le riche Booz, au temps patriarcal , ordonnait à ses
moissonneurs de laisser abondamment tomber l'épi
de l'indigent sur les pas de la sensible et belle Ruth,
brue de Noémi ; modèle de piété filiale , et dont il

(1) Loi du 28 septembre 1791 , titre 2.
(2) Art. 78 du Code forestier.
(3) Loi du 28 septembre 1791.

fit, dans ses vieux jours, sa vertueuse compagne (1).

La loi interdit la faculté de glaner et de rateler avant le lever et après le coucher du soleil; on doit habituer nos jeunes campagnards à ne la point éluder, leur en prescrire l'obéissance, d'abord par la persuasion et les conseils, et, si leurs avis sont méconnus, contraindre par la pénalité (2). Oh! vous, honnêtes cultivateurs dont le Ciel comble les vœux, en vous donnant d'abondantes récoltes, n'oubliez pas que l'infortune nous saisit souvent au sein de la plus haute prospérité; imitez le patriarche Booz, laissez à l'orphelin, au fils de la veuve, le plaisir de rapporter le soir sa petite gerbe au foyer maternel! Et si quelques épis pressent un peu moins les étais de vos granges, l'émotion d'une action généreuse remplira vos cœurs d'une joie délicieuse et pure.

6° Le magistrat communal doit livrer à toute la rigueur des lois l'homme qui, de dessein prémédité, tue ou blesse, sur le territoire d'autrui, des bêtes de somme, de culture, ou des chiens de garde; il doit aussi faire connaître à cet insensé que la loi prononce des peines plus graves lorsque ce délit est méchamment commis dans un enclos rural, dans une étable, et surtout nuitamment (3). *Délits contre les animaux.*

7° Porter l'œil d'une égale surveillance sur ceux

_____

(1) Je recommande à mes lecteurs le charmant petit poëme de Florian, intitulé *Ruth*; on ne peut le lire sans sensibilité.
(2) Loi du 28 septembre 1791, Code pénal, art. 471.
(3) Même loi et art. 452, 453 et 454 du Code pénal.

Délits de clôture et de marques délimitatives. qui, méchamment aussi, combleraient des fossés, détruiraient des clôtures, arracheraient des haies vives, des bornes, pieds corniers, ou autres arbres servant de limites aux héritages; on ne peut hésiter à traîner devant les tribunaux ceux qui se rendent coupables de délits qui portent atteinte au droit sacré de la propriété et le trouble dans les travaux de la culture, l'art le plus digne de protection (1). Les Romains, Messieurs, avaient un si grand respect pour ce droit sacré, base de l'association des hommes, qu'ils avaient fait de la borne limitative un objet de vénération publique, et qu'ils l'adoraient sous le nom de Dieu Therme. Ils ne manifestèrent pas ce même respect dans leurs conquêtes, car ils s'emparèrent, sans scrupule, des domaines des autres peuples, et les soumirent ensuite eux-mêmes à leur domination : tel était le droit de la guerre des temps anciens.

Maraudage. 8° Appeler la répression des lois sur le maraudage des légumes et des fruits, délit de démoralisation qui fait la désolation des campagnes et des bourgs, délit d'ailleurs difficile à atteindre parce qu'il se commet nuitamment (2). MM. les ministres et les pasteurs des cultes reconnus, ainsi que les instituteurs, doivent concourir par leurs recommandations évangéliques et morales à la destruction de ce vice corrupteur de l'enfance. Un bon magistrat trouve un moyen plus sûr encore de répression dans son

(1) Loi du 28 septembre 1791, art. 56 du Code pénal.
(2) Même loi et art. 449 du Code pénal.

zèle actif pour le bien public, surtout en stimulant
la vigilance des agens subalternes de la police et des
bons citoyens.

9° Réprimer plus sévèrement encore des crimes, Vols dans les champs de fruits de récolte.
plus rares, il est vrai, mais qui ont aussi plus de
gravité : ceux 1° du vol dans les campagnes avec
paniers, sacs ou animaux de charge; 2° d'enlèvement de nuit des gerbes d'un champ sur un champ
voisin ; 3° du fauchage de fourrage vert ou de grains
sur pied, appartenant à autrui (1).

Tous ces délits, fort dommageables et faciles à
commettre, exigent une surveillance particulière de
la part de l'autorité locale; et cette autorité dans
nos campagnes, c'est le maire.

10° Ce magistrat doit aussi savoir que les eaux flu- Eaux fluviales et pluviales.
viales et pluviales sont le domaine de tous, une pro-
priété commune, que ces eaux, surtout celles qui
découlent de montagnes cultivées ou couvertes de
bois, peuvent être considérées comme le meilleur
engrais des prairies, engrais nuisible néanmoins,
et qui rend ces sortes de propriétés marécageuses
lorsque les eaux y séjournent long-temps; c'est pourquoi elles doivent être distribuées de manière à ne
produire que d'heureux résultats (2). Nos lois, particulièrement celle du 28 septembre 1791 et le livre II
du Code civil, intitulé : *des Biens et des différentes modifications de la propriété*, traitent cette matière avec quelques détails, cependant sans les em-

(1) Loi du 28 septembre 1791 tit. 2, art. 35.
(2) Même loi.

brasser tous (1). Les maires doivent en faire l'objet d'une étude sérieuse, non qu'ils aient à en faire judiciairement l'application, car ils ne sont pas juges, mais pour prévenir, par leurs lumières et par leur expérience locale, des procès ruineux entre leurs administrés; ensuite parce que, administrateurs nés de la propriété communale, ils doivent la faire jouir du bénéfice des eaux communes; d'ailleurs il est des cas où les dispositions de ces lois élèvent des questions de propriété, dont la solution rentre dans les attributions du contentieux de l'administration civile et du Conseil-d'Etat, ou bien qui donnent lieu à de graves contestations et font naître des conflits sur lesquels l'autorité locale est presque toujours consultée.

Des biens et des diverses modifications de la propriété.

Les matières contenues au livre II du Code civil et dont nous venons de parler concernent: 1° la distinction des biens; 2° les immeubles et les meubles qui le deviennent par destination; 3° les meubles proprement dits; 4° les biens dans leur rapport avec ceux qui les possèdent; 5° le droit d'accession produit par la chose, ou qui s'unit à la chose, enfin qui est relatif aux effets mobiliers (2).

Usufruit, usage et habitation.

Ces matières traitent encore des droits d'usufruit, d'usage et d'habitation; des obligations que ces droits imposent; des avantages qu'ils procurent; comment ils s'éteignent; enfin des servitudes ou services fonciers, qui n'ont plus rien de féodal dans notre jurisprudence moderne, mais qui sont encore bien éten-

(1) Titre 1er, 2, 3 et 4 du livre II du Code civil.
(2) L'auteur en traitera spécialement dans un autre ouvrage.

dus. Or, la commune étant propriétaire, et parfois le plus considérable du territoire qu'elle renferme, son tuteur ne peut ignorer les choses d'une simple administration, car elle achète, aliène, loue, impose des servitudes, pour le seul fait du bien public; elle s'en laisse imposer, elle gagne aussi des alluvions ou perd du terrain par le bénéfice ou le ravage des eaux; elle use de celles-ci pour l'irrigation de ses propriétés; elle possède des ruisseaux, des torrens, des fleuves non navigables; elle est tenue de les faire curer, du moins en partie, pour empêcher qu'ils ne portent leurs ravages hors de leur lit, ou prévenir, autant que possible, leurs effets dommageables; enfin partout la commune est en contact avec les propriétaires particuliers, et de ce contact naissent souvent des procès longs, ruineux, qui épuisent les ressources communales d'une part, et de l'autre affectent les fortunes des citoyens. Ces procès sont encore un germe de divison qu'un administrateur sage, éclairé surtout, cherche à prévenir. Voyez, Messieurs, d'après ce que je viens de dire, le nombre et l'utilité des connaissances que doit apporter dans sa gestion l'administration communale? Aussi beaucoup aspirent à l'élection, mais peu se rendent digne d'être élus; ceci soit dit sans attaquer en aucune manière la moralité, le zèle, le patriotisme des aspirans, mais parce qu'ils négligent toute étude préparatoire.

Nous avons dit, Messieurs, que la commune acquiert, aliène, concède; arrêtons-nous un moment sur le mode à suivre dans ces trois cas. La com-

Vente ou acquisition de propriétés communales.

mune projette-t-elle une acquisition, une aliénation, ou une concession, le conseil en délibère en session ordinaire ou extraordinaire, le maire envoie l'extrait de cette délibération au sous-préfet; s'il y est fait droit, l'administration supérieure autorise un ingénieur à se rendre sur les lieux pour reconnaître l'état de l'immeuble à acquérir ou à concéder, et en dresser le plan. Les parties nomment contradictoirement des experts qui prêtent serment entre les mains du maire; ici il y a, je crois, une déviation de principe, puisque le magistrat qui reçoit cet acte solennel est, en qualité de tuteur de la commune, partie en cause. On sent bien, Messieurs, que je ne veux porter nulle atteinte au caractère du magistrat, mais que j'élève seulement un doute sur un principe, doute qui est fondé en droit, et conforme à l'équité.

Commissaire de commodo et d'incommodo.

Sur le rapport d'experts, le conseil délibère de nouveau; au vu de cette délibération, le préfet ou le sous-préfet nomme un commissaire de *commodo et d'incommodo* qui, entièrement étranger à la proposition, vient après publication, et dans une réunion communale, prendre et recevoir l'avis libre, et sans influence quelconque, de tous les citoyens individuellement, sur les avantages ou les inconvéniens qu'ils reconnaissent devoir résulter de la proposition; il en dresse procès-verbal, donne son avis personnel, les pièces sont ensuite adressées au gouvernement, qui, par une loi ou par une ordonnance spéciale, confirme ou rejette la demande en acquisition, aliénation, ou concession (1).

Indépendamment de l'action du pouvoir adminis- Etangs.
tratif sur le cours des eaux pluviales et fluviales, la
police du maire s'étend encore sur les étangs; il doit
les recommander à la surveillance des agens subalternes pour la conservation des poissons qui s'y
multiplient et celle des digues qui en arrêtent les
eaux (2).

Cette police s'étend aussi sur les eaux courantes Pêche.
dont la commune loue la pêche le long de sa propriété. Mais tout en couvrant de sa protection ceux
qui s'en rendent adjudicataires, le maire doit aussi
veiller sur le maintien des droits des propriétaires
riverains, et empêcher qu'il ne soit fait aucun dommage à leurs propriétés ou à leurs produits (3).

Il en est de même de la chasse sur les propriétés Chasse.
rurales de la commune; ceux qui s'en rendent les
enchérisseurs ne doivent porter aucune atteinte aux
droits des propriétaires particuliers, et ne parcourir aucun champ couvert de productions également
dommageables.

La location de la pêche et de la chasse a lieu pu- Leur location.
bliquement sur un cahier de charges discuté et arrêté par le conseil municipal; personne ne peut
chasser sans être muni d'un port d'armes, ni dans

(1) Lois et arrêtés du gouvernement des 28 mars et 20 décembre 1801, 26 juillet 1803, et ordonnance du 6 août 1821, par exten-
sion à la loi du 2 mai 1793.

(2) Loi du 28 septembre 1791.

(3) Lois du 11 août 1789 et du 30 avril 1790.

les temps de prohibition. Une ordonnance royale fixe l'époque de l'ouverture et de la fermeture de la chasse, et il n'est jamais permis de chasser dans les vignes avant la rentrée de la vendange.

Vaine pâture. C'est de même à l'administration communale qu'il appartient de régler l'usage de la vaine pâture, d'en fixer l'époque, d'en déterminer l'étendue, de la varier afin de l'améliorer s'il est possible, d'en ordonner la division par nature de troupeaux, de choisir les gardiens ou pâtres chargés de leur conduite et responsables des faits de leur négligence (1).

Chemins communaux. Elle est encore chargée de l'entretien et de la réparation des chemins communaux dont nous avons déjà parlé, soit sur les ressources de la caisse communale, ou, en cas d'insuffisance, au moyen de prestations en nature ou en argent, au choix des contribuables. Le conseil municipal détermine la quotité de ces prestations, sur l'état des besoins qui lui est remis par le maire, et par une délibération subséquente ce conseil fixe le prix des conversions en argent, des journées d'homme, de bête, de charrettes, le taux des remises à allouer au percepteur sur le montant intégral du rôle, les frais d'impression et de confection des rôles, avertissemens et frais de surveillance acquis aux architectes; enfin, le temps et la durée des travaux (2).

Prestations.

(1) Loi du 28 septembre 1791, et Code pénal, art. 475.
(2) Loi du 28 juillet 1824 et les instructions réglementaires qui s'y rattachent.

C'est encore à l'administration municipale qu'est réservée la faculté de traiter de l'achat et de l'entre- tien, selon l'usage des communes, des étalons, tau- reaux, béliers et autres animaux propres à propa- ger de bonnes races (1). L'amélioration des espèces étant un grand moyen de prospérité pour l'agri- culture et le commerce très étendu du bétail, le maire doit porter sur cet objet toute l'attention et le zèle dont il est susceptible, sans cependant exer- cer d'arbitaire ni imposer aux cultivateurs la dé- fense de tenir chez eux de ces animaux ou d'en faire des élèves. Il lui importe, au contraire, d'encoura- ger les cultivateurs à se procurer de belles jumens, et à les livrer à des étalons de race, afin qu'ils puis- sent concourir dans les prix d'encouragemens ac- cordés à ceux qui présentent les plus beaux élè- ves. Messieurs, la France a toujours mis une sorte d'insouciance dans cette partie essentielle de sa prospérité agricole. Elle s'est long-temps, et en- core de nos jours, rendue tributaire de ses voi- sins, malgré ses montagnes élevées, ses gras pâtura- ges et la fertilité de son sol. Elle est entrée tard dans la voie des améliorations, elle tâtonne et n'a pas encore recueilli de grands fruits de ses coûteux efforts. Ce sont les campagnes qu'il faudrait faire sor- tir de leurs habitudes routinières en les excitant à envoyer quelques sujets actifs en Angleterre et dans

Taureau ba- nal, bélier, etc.

Amélioration des races de bes- tiaux.

(1) Le conseil municipal détermine, par une délibération, le pla- cement du taureau banal, et les frais d'entretien à payer par la commune ou les habitans

le Holstein , le Hanovre , dans d'autres contrées de l'Allemagne et en Suisse pour y puiser de bonnes leçons sur l'éducation du bétail en général (1).

MM. les maires n'ignorent pas que tout propriétaire a droit de clore sa propriété, même au milieu de parcours usagers; mais cette clôture doit être faite de manière à servir d'abri contre l'introduction de bétail étranger dans l'intérieur de l'enclos, sans cela les conducteurs de troupeaux seraient menés tous les jours devant les tribunaux de police simple et correctionnelle (2).

Interdictions ou restrictions imposées à la vaine pâture. Je rappellerai ici qu'en aucun temps le droit de parcours ni celui de vaine pâture ne peut s'exercer sur les prairies artificielles , ou avoir lieu sur les terres en culture qu'après l'enlèvement des récoltes; il est de même interdit sur celles couvertes de semences ou de plantes qui ne se récoltent qu'en automne (3).

Je terminerai cette importante matière en faisant observer à MM. les maires que le territoire de notre belle France constitutionnelle est libre dans toute son étendue comme les personnes qui l'habitent (4); qu'ainsi toute propriété territoriale n'y peut être assujettie qu'aux charges et aux redevances qui ne sont pas défendues par la loi, ou aux contributions établies par la puissance législative, plus aux sacrifices

(1) Où ils seraient attachés au service des fermes de ces contrées.
(2) Art. 4, 5, 6 et 7 de la loi du 28 septembre 1791.
(3) Art. 2 de cette même loi.
(4) Il y a une exception particulière pour la culture du tabac, déterminée par une loi temporaire.

que pourrait exiger le bien général de l'Etat sous la condition d'une juste et préalable indemnité(1); que tout propriétaire est dès lors libre de varier à son gré la culture et l'exploitation de son terrain; de conserver, également à son gré, ses récoltes et de disposer de toutes les productions de sa propriété dans l'intérieur du royaume et au dehors, sans préjudice du droit d'autrui, en se conformant aux lois et sauf les conditions qu'elles imposent (2). Liberté de la culture.

Remarquons ici toute leur bienveillante sollicitude pour l'homme des champs; elles défendent qu'il ne soit arrêté, si ce n'est pour un crime, lorsqu'il est occupé avec des bestiaux soit au labourage des terres soit à quelques autres travaux de l'agriculture, avant qu'il n'ait été pourvu à la garde et à la sûreté des animaux; elles exigent même, en cas de poursuite criminelle, qu'il y soit pourvu aussitôt l'arrestation, par celui-là même qui a exercé la poursuite (3). Objets de culture insaisissables.

Les lois interdisent aussi la saisie de tous les bestiaux, engrais, ustensiles, ou autres meubles utiles à l'exploitation des terres. Ces objets ne peuvent être vendus ni pour paiement de contributions, ni pour aucune autre dette, si l'on en excepte celle contrac-

---

(1) Art. 1er, section 1re, de la loi du 28 septembre 1791. Nos Chambres législatives discutent en ce moment une loi sur l'expropriation pour cause d'utilité publique; nous n'en parlerons donc point dans cette première édition.

(2) Art. 2, même section de la même loi. La culture du tabac est une exception à ce principe général.

(3) Art. 1er, section 3 de la même loi.

tée envers le vendeur même de l'objet, que le législateur a voulu garantir de toute surprise ; ou bien
encore pour acquitter le fermage dû au propriétaire.
Les ruches, les vers à soie sont de même insaisissables pendant leur travail, ainsi que la feuille du mû-
rier nécessaire à la nourriture de ces insectes (1).

Le maire garant de la sûreté et de la salubrité publiques. Le maire, avons-nous dit enfin, est le garant de
la sûreté comme de la salubrité publiques ; plaçons
ici quelques principes généraux avant de traiter ce
sujet.

« Faire ce que défendent, ne pas faire ce qu'or-
« donnent les lois qui ont pour objet le maintien de
« l'ordre social et de la tranquillité publique, est un
« délit (2).

« La police est instituée pour maintenir l'ordre,
« la sûreté individuelle et la liberté.

« Son caractère principal est la vigilance.

« La société, considérée en masse, est l'objet de
« sa sollicitude.

Police administrative, principes généraux. Le même Code dit : « la police administrative
« a pour objet le maintien habituel de l'ordre pu-
« blic dans chaque lieu et dans chaque partie de
« l'administration générale.

« Elle tend principalement à prévenir les délits,
« et les lois qui la concernent font partie du Code
« de l'administration civile (3).

« L'action de cette police est délicate, car si les

(1) Art. 2, section 3, de la loi du 28 septembre 1791.
(2) Code du 3 brumaire an 4 (25 octobre 1795).
(3) Même Code, et décret du 14 décembre 1809.

« principes en sont constans leur application du
« moins est modifiée par mille circonstances qui
« échappent à la prévoyance des lois, et ces fonc-
« tions ont besoin, pour être bien exercées, d'une
« sorte de latitude de confiance qui ne peut se re-
« poser que sur des mandataires infiniment purs ;
« car elle ne doit être ni arbitraire, ni tracassière.
« Ses répressions sont si étendues que, si on voulait
« faire de toutes des actes d'accusation, il est peu
« de citoyens honnêtes, de propriétaires, de mar-
« chands, de cultivateurs, que l'on ne traînerait
« dans l'année sur les bancs de la police simple ou
« du tribunal correctionnel, et pour délits qu'ils
« ignorent. Aussi le magistrat qui l'exerce doit ju-
« ger l'intention, prévenir, éclairer. Cette police
« doit être tranquillisante pour ceux même qu'elle
« soumet à son action. Les fonctions propres au ser-
« vice municipal sont de faire jouir les habitans des
« avantages d'une bonne police, notamment de la
« propriété, de la salubrité, de la sûreté dans les
« rues et dans les places publiques (1). »

Oui! Messieurs, la police administrative doit être
toute de prévenance et de bonté ; le maire, qui en
est spécialement responsable et qui en est chargé dans
le plus grand nombre des communes de France, le
maire, dis-je, est le protecteur, l'appui, le père de

_____

(1) J'avais écrit tout ce qui précède de cet entretien lorsque le
décret du 14 décembre me tomba sous la main ; j'y retrouvai la
pensée qui domine dans toutes mes phrases ; je ne puis dire combien
je fus heureux d'avoir été aussi bien servi par mes inspirations.

ses administrés , du moment même qu'il devient le délégué de l'Etat ; il faut donc qu'il ait l'art de concilier ces deux attributions différentes ; ce qui , parfois , est assez difficile.

LIVRE II.

LE MAIRE CONSIDÉRÉ COMME OFFICIER DE POLICE JUDICIAIRE.

———◆———

Nous allons maintenant confondre, Messieurs, l'homme de la commune et le magistrat remplissant, en qualité d'officier de police, des fonctions judiciaires qui le placent sous l'autorité directe du ministère public près des tribunaux, c'est-à-dire, de MM. le procureur du roi et le procureur-général du ressort (1).

Deuxième attribution du maire.

Mais en même temps qu'il agit dans des attributions différentes et adresse les procès-verbaux de ses opérations à M. le procureur du roi, il ne cesse pas pour cela de rendre compte à M. le sous-préfet de son arrondissement des faits qu'ils contiennent, lorsqu'ils ont une certaine gravité (2).

1° Dans les villes et communes où il n'y a point de commissaire de police (elles sont en grand nom-

Plaintes en contravention.

---

(1) Art. 10 du Code d'instruction criminelle.

(2) Lorsqu'ils troublent ou menacent l'ordre public, et non pas dans les simples délits.

bre), le maire recherche les contraventions de police, même celles qui touchent les gardes forestiers et champêtres, à l'égard desquels il a concurrence et même surveillance ; il reçoit les plaintes, les dénonciations et rapports qui y sont relatifs, il les consigne dans des procès-verbaux avec la nature et les circonstances des faits, les lieux où ils ont été commis, les preuves ou indices à la charge de ceux qui en seront jugés coupables.

Il remet dans les trois jours ces procès-verbaux avec toutes les pièces de conviction, à l'officie remplissant les fonctions du ministère public près le tribunal de simple police (1).

Information judiciaire pour crime. Messieurs, un crime vient de se commettre ; le sang d'un innocent a coulé sous la main d'un coupable; l'ordre social en reçoit une blessure profonde, il est outragé dans ce qu'il a de plus sacré, la vie d'un de ses membres : le crime ne peut atteindre la divinité, elle habite dans les cieux !—Des avis particuliers ou la clameur publique instruisent le ma-

Flagrant délit. gistrat de ce sinistre événement, mais la commune est isolée, elle est éloignée du chef-lieu de canton, plus encore de celui de l'arrondissement; cependant la société réclame vengeance, il faut agir; un moment de retard, d'hésitation, et le coupable échappe, il emporte, lui ou ses complices, les traces et les preuves du crime. Voilà le flagrant, on doit le saisir au moment de l'action qui vient de se commettre et répandre une consternation générale (2).

(1) Art. 11 et 15 du Code d'instruction criminelle.
(2) Art. 41 du même Code.

Autre cas : des malveillans se sont secrétement introduits dans le domicile d'un citoyen paisible pour y commettre un vol ou y exercer des voies de fait ; le maître de cette maison réclame le secours du dehors et le requiert de l'autorité.

Moins gravement encore, une querelle s'élève dans un lieu public, elle trouble le repos, ou bien elle a lieu dans une maison particulière par suite de passions en mouvement, la sûreté des personnes qui l'habitent est compromise ; elles requièrent aussi la protection du magistrat, mais celui qui exerce les hautes fonctions de la police judiciaire, le procureur du roi, ou ses premiers auxiliaires qui sont le juge-de-paix, l'officier de gendarmerie, ou un commissaire général de police, demeurent loin de la scène du trouble ou du crime commis.

Le législateur a dû prévoir ce cas, il l'a prévu. Le maire, et en son absence, l'adjoint (1), remplit temporairement les fonctions attribuées à ces autres magistrats; comme eux, il dispose de la force armée qui, d'ailleurs, est toujours prête à obéir à sa première réquisition, et au défaut de cette force, il somme ses plus proches voisins ou les citoyens qui l'entourent (2) et accompagné d'eux il se transporte sur les lieux. S'il y a crime, il en rend compte extraordinairement et sur-le-champ au procureur du roi près le tribunal, et, en attendant l'arrivée de ce magistrat, il opère avec le même pouvoir (3), toujours

Réquisitions de chefs de maison.

(1) Art. 50 du Code d'instruction criminelle.
(2) Art. 475, § 13 du Code pénal.
(3) Art. 29 du Code d'instruction criminelle.

dans le cas de flagrant délit ou de réquisition ; dans

Procès-verbaux de dénonciations ou plaintes en crimes.

les autres, tels que l'attentat contre la sûreté publique, la vie ou la propriété d'un individu (1), il reçoit les dénonciations par écrit rédigées par les dénonciateurs ou leurs fondés de pouvoir, ou bien il les rédige lui-même s'il en est requis, les fait signer, les signe lui-même et les adresse sur-le-champ, ou au plus tard dans les vingt-quatre heures, au procureur du roi (2).

En cas de flagrant ou de réquisition, et lorsque le fait est de nature à entraîner une peine afflictive ou infamante, le maire dresse sur les lieux les procès-verbaux nécessaires à l'effet de constater le corps du délit, son état et celui des lieux, puis il reçoit les déclarations des personnes qui ont des renseignemens à donner (3).

Dans l'urgence et pour arriver à la découverte du crime, il peut appeler à son procès-verbal les parens, les voisins ou domestiques ; il reçoit leurs déclarations qu'il leur fait ensuite signer (4).

Il peut même défendre à qui que ce soit de sortir de la maison ou du lieu où le crime a été commis jusqu'après la clôture de son procès-verbal (5).

Il se saisit des armes comme de tout ce qui paraît avoir servi ou avoir été destiné à commettre le crime ou le délit, enfin ce qui paraît l'avoir produit, ou ce

(1) Art. 31 du Code d'instruction criminelle.
(2) Art. 54 du même Code.
(3) Art. 32 du même Code.
(4) Art. 33 du même Code.
(5) Art. 34 du même Code.

qui peut servir à la manifestation de la vérité. Il interpelle le prévenu de s'expliquer sur les choses saisies, il les lui représente, dresse procès-verbal de ses réponses, le lui fait signer ou mentionne son refus (1).

Si, pour arriver à la découverte des auteurs cachés du crime ou du délit, la preuve peut être acquise par les papiers, les autres effets du prévenu, ou par ceux en sa possession; le maire se transporte sur-le-champ en son domicile, pour faire la perquisition des objets qui peuvent faire connaître la vérité (2); il se saisit de tous ceux qui peuvent servir à conviction ou à décharge et il en dresse procès-verbal.

Il fait clore et cachète ces effets, si faire se peut, ou, s'ils ne sont pas susceptibles de recevoir des caractères d'écriture, il les fait mettre dans un vase ou dans un sac, sur lequel ce magistrat attache une bande de papier qu'il paraphe et couvre du sceau de la mairie (3).

Il fait toutes ces opérations en présence du prévenu, s'il a été arrêté, ou d'un fondé de pouvoir, s'il ne veut ou ne peut y assister; il représente à l'un ou à l'autre les effets dont il s'empare, les leur fait parapher, en dresse procès-verbal sur lequel il mentionne leur refus de le faire (4).

Le maire, mais toujours au seul cas de flagrant

(1) Art. 35 du Code d'instruction criminelle.
(2) Art. 36 et 37 du même Code.
(3) Art. 38 du même Code.
(4) Art. 39 du même Code.

délit entraînant peine afflictive ou infamante, fait encore saisir les prévenus présens contre lesquels il existe des indices graves et les met à la disposition de M. le procureur du roi, devant qui il les fait conduire par un mandat d'amener (1).

Lorsque l'information est faite par ce magistrat supérieur ou par l'un de ses auxiliaires mentionnés, le maire ou son adjoint assiste à son opération, ou, en leur absence, deux citoyens (2) domiciliés. Le législateur a voulu, par cette disposition, protéger les citoyens contre tout acte arbitraire ou de précipitation, dont les magistrats qui opèrent en cette circonstance importante ne sont sans doute pas capables; mais c'est une garantie sociale et la loi ne saurait trop en donner; elle ne fait pas acception de personnes.

MM. les maires, qui remplissent ici des fonctions purement judiciaires, doivent bien se pénétrer à l'avance de toute leur gravité; ils sont les agens de la vindicte publique, aucune considération ne doit donc les retenir dans l'œuvre d'un impérieux devoir. Si des motifs de parenté, d'alliance, si des relations d'intérêt ou d'intimité les retiennent, qu'ils se récusent et se fassent remplacer par leurs adjoints, mais sans perdre de temps, afin que le coupable n'échappe point à la poursuite des lois et ne souille pas une seconde fois, par l'impunité de son crime, le

(1) Art. 40 du Code d'instruction criminelle.

(2) Art. 42 du même Code. Cette disposition n'est pas absolue, car s'il n'y a pas possibilité de se procurer des témoins, on verbalise également.

sol de la patrie du sang d'un de ses enfans, car la négligence de ce magistrat, ou l'oubli de son devoir, le rendrait involontairement complice de ce second crime et troublerait son existence entière.

Le cas de flagrant délit est rare dans les provinces qui jouissent des douceurs de la paix intérieure; la plupart des informations judiciaires et des levées de cadavres s'y font par MM. les juges-de-paix, les commissaires de police et les procureurs du roi en personne, lorsqu'il y a présomption de meurtre ou d'assassinat; ces magistrats sont plus familiarisés avec les formes de la justice; ils sont ordinairement assistés de greffiers qui libellent, tandis que le magistrat interroge, porte un œil scrutateur sur ce qui se passe autour de lui et pousse le crime jusque dans ses derniers retranchemens. Mais il suffit que MM. les maires soient appelés par la loi à remplir des fonctions judiciaires graves, pour qu'ils se pénètrent bien profondément des dispositions contenues dans la deuxième section du Code d'instruction criminelle.

Le sujet que nous traitons nous ramène naturellement, Messieurs, aux simples délits qui peuvent compromettre la sûreté publique, et que le maire doit surveiller, non seulement en sa qualité d'officier de police judiciaire, mais en celle de protecteur né du bien-être de ses concitoyens, dont sa sage vigilance assure la sécurité : parcourons-les (1).

Simples délits ou contraventions.

(1) Nous disons aux délits correctionnels ou aux simples contraventions.

Visite des fours et cheminées.

1.º Il doit faire, au moins une fois l'année, comme il y est tenu, la visite des fours et cheminées des maisons et bâtimens, éloignés de moins de cinquante mètres d'autres habitations, après avoir annoncé sa visite au moins huit jours à l'avance, et ordonner ensuite la réparation ou la démolition de ceux en mauvais état, pouvant occasioner un incendie ou d'autres accidens (1).

Messieurs, l'avantage inappréciable que nous offrent les sociétés d'assurances mutuelles ne doit point faire sommeiller l'autorité, car parmi les propriétés bâties d'une commune, s'il en est un grand nombre d'assurées, il en est beaucoup aussi qui ne le sont pas, et, Messieurs, le remboursement des pertes, en le supposant même intégral, ce qui n'est presque jamais, ne donne qu'une compensation matérielle du sinistre, et non celle des frayeurs et du désordre inévitable d'un affreux embrâsement. Considérons le tableau hideux et affligeant des malheureux en partie dévorés par les flammes et fuyant sans asile ; des malades, des vieillards, des femmes, des enfans dans l'abandon et poursuivis à demi-nus par le fléau dévorateur ; tous ces infortunés, sans vivres, sans effets, réclamant un toit hospitalier, toujours offert par la bienfaisance, mais ne remplaçant jamais, pour l'être reconnaissant qui l'accepte, le foyer domestique, le lit conjugal, le mouvant berceau sur lequel la mère attentive jette un regard

(1) Art. 9 de la loi du 28 septembre 1791 ; Code pénal, art. 471, § 1.er

avide de tendresse ; enfin son refuge ne supplée pas aux douces habitudes du jour, aux travaux suspendus, aux misères qui suivent cette suspension.

2° Le maire doit défendre impérativement le tir, sur la voie publique, de toutes pièces d'artifice, telles que pétard, fusée, boîte, coup de fusil ou d'autres armes à feu, afin de prévenir l'événement que nous venons de signaler (1).

Tir de pièces d'artifice.

3° Interdire les feux dans les champs à moins de cent mètres de maisons, bois, bruyères, meules de foin ou de paille, grandes forêts, et même près de pièces de grains en épis, touchant à leur maturité à l'époque des ardeurs de l'été ; de nombreux accidens ont consumé de vastes étendues de bois et de forêts. Nous savons, Messieurs, combien la conservation de la superficie de cette espèce de propriété est intéressante pour notre croissante population, dont elle satisfait un des premiers besoins (2).

Feux près des forêts et bâtimens.

4° Organiser dans tous ses détails le service de secours contre l'incendie. Sans doute on ne doit pas être continuellement agité par la crainte ou le danger des grandes calamités, on doit encore moins les désirer ; mais un sage magistrat sait les prévoir. Sa scrupuleuse surveillance tranquillise une nombreuse population qu'elle rend heureuse, car la confiance fait naître la gaîté et celle-ci est une grande garantie d'ordre et de repos. Les masses, nous le savons

Organisation du service contre les incendies.

(1) Art. 471 du Code pénal, § 2.
(2) Loi du 28 septembre 1791, art. 10, tit. 2.

par expérience, Messieurs, se créent facilement des chimères que l'ignorance nourrit, que la peur et la superstition propagent, et dont la malveillance use dans les temps de malheur; la confiance qu'inspire l'autorité détruit ou affaiblit ces maladies morales des sociétés humaines. Une des inquiétudes les plus justement fondées est celle inspirée par la crainte d'un incendie; pour en diminuer l'impression, il faut visiter souvent les pompes à feu, les éprouver publiquement, indiquer les lieux de réunion de la force armée et des hommes de l'art; ceux-ci pour remédier au mal ou en arrêter les progrès, la force armée pour maintenir l'ordre, garder les effets échappés à la fureur des flammes, enfin pour seconder l'autorité dans la distribution et la régularité des secours. Dans ces sortes d'accidens la foule nuit plus qu'elle ne sert; bien distribuée elle rend d'immenses services. Je crois que chaque propriétaire aisé devrait être tenu d'avoir un sceau à incendie, marqué de son nom, afin d'en accroître toujours le nombre et d'en faciliter la réclamation.

Nettoyage des rues et places publiques.

5° Ordonner, à des époques fixes, le nettoyage des rues et places publiques; faire enlever les boues, les neiges, les glaces qui les encombrent en hiver, et les mettre à la disposition de la culture (1) dont

Eaux stagnantes.

elles font un des meilleurs engrais; donner un écoulement facile aux eaux stagnantes et de dégel, si contraires à la salubrité publique; ordonner les me-

---

(1) Les boues s'afferment ordinairement sur un cahier de charges arrêté par le conseil municipal.

sures propres à garantir la libre circulation, sans accident, dans les cas rares de verglas et de glaces; veiller à la solidité et à l'entretien continuel des gardes-fous ou balustres des ponts et lieux dangereux (1).

6° Le maire doit jeter un coup d'œil attentif sur l'exécution des nombreux réglemens concernant la petite voirie, l'enlèvement des décombres et matériaux qui en gênent la circulation (2). *Police de voirie.*

7° Veiller avec une attention particulière à la solidité des maisons et bâtimens qui menacent ruine, afin d'en prévenir la chute; les faire étayer et ordonner même leur démolition en cas de péril imminent (3). *État des bâtimens en ruine.*

8° Exercer la plus grande surveillance sur la fabrication des armes de calibre sans autorisation préalable, et se faire remettre exactement par les fourbisseurs les relevés de leurs registres à la fin de chaque trimestre, conformément aux réglemens en vigueur (4). *Armes prohibées.*

Empêcher surtout qu'il n'en soit porté de prohibées dans les réunions publiques, étrangères au port d'armes (5).

9° Réprimer sévèrement le jet devant les édifices *Jet d'ordures.*

(1) Code du 3 brumaire an 4, art. 471 du Code pénal.
(2) Code pénal, art. 471, § 5; art. 605, § 2, du Code de brumaire an 4.
(3) Lois du 24 août 1790, 22 juillet 1791, déclaration du 18 juillet 1829 et 17 août 1830.
(4) Décret du 8 vendémiaire an 14, et ordonnance du 24 juillet 1816; Code pénal, art. 314.
(5) Art. 314 du Code pénal, § 2 et suivans.

publics ou maisons particulières, de choses de nature à nuire à la sûreté comme à la salubrité publique (1).

Éclairage des auberges et lieux dangereux pour la circulation. 10° Contraindre à l'éclairage de nuit les aubergistes dont les maisons sont souvent encombrées de voitures ; faire de même éclairer les fouilles pour fondemens de bâtimens, les fossés, les décombres, et autres objets, enfin tout ce qui peut nuitamment occasioner des accidens (2).

Voituriers. 11° Enjoindre aux rouliers, voituriers ou conducteurs de bêtes de charge ou de trait, de rester près de leurs voitures sur la voie publique, ou dans les lieux de réunions, car il ne suffit pas de garantir la vie des citoyens en punissant le crime qui la compromet, il faut encore la préserver des accidens qui la menacent (3).

Divagation de fous ou d'animaux furieux. 12° Poursuivre, dans cette vue, les personnes qui, après un avertissement préalable, laisseraient courir des fous ou furieux et des animaux féroces, malfaisans ou atteints d'hydrophobie (4).

Refus de secours. 13° Provoquer la sévérité de la loi contre les citoyens insoucians, égoïstes, lâches et timides, qui, commandés ou requis pour un service d'urgence tel que porter secours dans un incendie, une inondation, un pillage, un meurtre, un assassinat, ou dans d'au-

(1) Code du 3 brumaire an 4, art. 605, § 3 ; art. 475 du Code pénal.
(2) Art. 471 du Code pénal, § 3 et 4.
(3) Art. 475 du même Code, § 3.
(4) Art. 475 du même Code pénal, § 3, 4 et 7.

tres cas menaçans ou fortuits, se seraient refusés à l'injonction de l'autorité (1).

À Rome on donnait la couronne la plus honorable à tout citoyen qui avait sauvé la vie de son semblable ; chez nous s'il reçoit une médaille, une légère somme d'argent ou une mention honorable, il est juste aussi de punir quiconque se refuse à prêter son secours quand il est commandé par l'autorité et lorsqu'il y va de la sûreté des citoyens, ou de celle de leurs propriétés.

14° Le maire doit prévenir ou empêcher toute coalition de propriétaires tendant à faire baisser à vil prix la journée des ouvriers ou le salaire des domestiques ; de même toute ligue entre les moissonneurs, ouvriers et domestiques pour faire hausser les gages et salaires. Lorsque la voix du magistrat et le langage de la persuasion n'ont pu faire cesser ces trames, contraires à la liberté des relations agricoles et commerciales, il doit en poursuivre les auteurs devant les tribunaux (2). *Coalition des maîtres contre les ouvriers.* *Des ouvriers contre leurs maîtres.*

15° Maintenir la subordination et l'ordre dans les ateliers publics et de charité, invoquer la punition contre ceux qui se refuseront à l'obéissance (3). *Police des ateliers.*

16° Ne point délivrer de certificat de bonne conduite ou de moralité, aux ouvriers de métier qui ne justifieraient point de leur congé d'acquit du dernier maître, afin de le garantir des avances *Congés d'acquit et certificats aux ouvriers.*

(1) Code pénal, art. 475, § 12.
(2) Loi du 28 septembre 1791.
(3) Loi du 22 juillet 1791.

5*

qu'il leur aurait faites, forcer ces ouvriers à remplir leurs engagemens, mais les protéger aussi contre le despotisme du maître qui prétendrait les retenir par force ou illégalement; il doit leur faire remettre leurs papiers (1), car l'équité veut que les droits soient réciproquement protégés (2).

Police des marchés. 17° Maintenir dans les marchés, foires, fêtes de village ou autres réunions publiques, l'ordre, la tranquillité, par une police exacte, la présence d'une force protectrice, prévenante, attentive et non vexatoire;

Loteries, etc. y défendre les jeux de loterie, comme toutes les expositions contraires à la religion et aux bonnes mœurs (3).

Salpêtres. 18° Messieurs, l'exploitation des salpêtres peut entraîner quelques abus de la part des agens ou des ouvriers qui en sont chargés; des plaintes se sont élevées à ce sujet; nous n'examinerons pas si elles étaient fondées. Ici, l'intérêt général contraint à la violation du domicile des citoyens ; mais lorsque la nécessité nous fait sortir du droit commun, l'autorité locale reçoit la tâche d'empêcher les abus et de protéger les propriétaires timides, qui préfèrent supporter un dommage, ou souffrir en silence une vexation, plutôt que de recourir à la pénible voix des tribunaux (4).

(1) Loi du 22 germinal an 12 (bulletin 270). Il n'y a lieu qu'à des dommages civils.

(2) Même loi; les causes, en cette matière, sont portées devant les prud'hommes.

(3) Lois du 24 août 1790, 22 juillet et 31 août 1791, 7 vendémiaire an 4 ; Code pénal, art. 313 et 475, § 5.

(4) Loi du 30 août 1797.

19° L'autorité municipale ou les maires ont aussi Bacs et bateaux. la police des bacs et bateaux établis sur les fleuves, rivières et canaux navigables, sous le rapport de la sûreté, du bon ordre et des droits à percevoir dans l'intérêt du trésor; ils adressent aux sous-préfets les observations qu'ils croient devoir faire pour le soulagement de leurs administrés sur le tarif des droits; ils assistent aux visites des ingénieurs; informent l'administration supérieure des accidens ou événemens imprévus; provoquent, dans ce cas, des visites extraordinaires; surveillent les entrepreneurs ou bateliers dans la stricte perception du tarif; les poursuivent, en cas de contravention, devant les tribunaux de simple police, et provoquent la révocation des préposés ou fermiers qui se conduisent avec négligence ou vexent les passagers; par contre, ils protègent aussi les fermiers ou préposés contre la mauvaise foi et les violences de ces derniers (1).

20° Les bains publics sont encore placés sous la Bains publics. surveillance et la police des maires, sous le double rapport de la sûreté et des mœurs publiques; il ne faut pas, Messieurs, que des établissemens favorables à la santé, comme à la propreté des citoyens, deviennent, pour la jeunesse, une occasion de désordres licencieux, et pour la société un sujet de scandale.

Je rappellerai à MM. les maires qu'il ne peut être établi de bains sur les rivières sans leur permission (2).

(1) Loi du 6 frimaire an 7 (26 novembre 1798).
(2) Ordonnances et réglemens sur la police des bains (sentence du 12 juin 1742 et 12 germinal an 10).

Usines et mou-
lins.

21° Ces magistrats doivent une protection spéciale aux usines établies sur les cours d'eau; ils doivent empêcher qui que ce soit de combler leurs canaux, détruire leurs digues, dégrader leurs vannes ou nuire d'une manière quelconque à leur activité ; cette garantie est due à l'une des branches les plus utiles et les plus importantes de l'industrie nationale (1); mais aussi les propriétaires ou fermiers de ces usines ou moulins sont garans de tous dommages que les eaux pourraient causer aux chemins ou aux propriétés voisines, par la trop grande élévation du déversoir ou autrement (2) : au moment des dégels on leur doit un secours public, afin d'empêcher que leurs mécaniques ne soient brisées par l'affluence et la pesanteur des glaçons.

Petite voirie,
alignemens.

22° Dans les villes, bourgs ou villages dont les rues ne sont pas routes royales ou départementales, c'est au maire qu'il appartient de donner et faire exécuter les alignemens, soit qu'il existe des plans généraux, soit qu'il n'en existe pas ; ce magistrat dresse procès-verbal contre les propriétaires qui refusent de se conformer à cette disposition des lois et réglemens sur la petite voirie (3).

Messieurs, le désir d'embellir nos villes et nos bourgs, celui de rectifier successivement les irrégularités vraiment pitoyables de nos anciennes constructions, et de voir disparaître une architecture

(1) Ordonnance de 1676.
(2) Art. 16, tit. 2 de la loi du 28 septembre 1791.
(3) Loi du 16 septembre 1807, décret du 18 juillet 1808, ordonnance du 31 juillet 1817.

aussi désagréable à l'œil qu'incommode dans sa distribution, ce désir, dis-je, n'a pas seul préoccupé la pensée de nos gouvernemens modernes ; ils ont encore eu l'intention de garantir la sûreté, et d'assurer la salubrité publique, en ouvrant des voies plus larges à la circulation, et en facilitant des courans d'air destinés à corriger l'infection des quartiers populeux, humides et sales ; c'est, sans contredit, un des plus utiles bienfaits du progrès des lumières.

23° Les spectacles, les bals publics, les grandes réunions consacrées aux délassemens du travail, ou aux plaisirs des classes oisives, sont aussi placés sous la surveillance de MM. les maires ; il est de leur devoir de ne négliger aucune des mesures jugées propres à y faire régner l'ordre, l'union, la décence et les mœurs, indispensables pour faciliter, sans accident, la liberté de l'entrée et de la sortie, éviter le contact dangereux et trop ordinaire des voitures et des piétons, assurer le repos des citoyens qui habitent dans le voisinage de ces établissemens, et surveiller avec un soin particulier l'intégrale perception des droits d'octroi, imposés sur les amusemens du riche au bénéfice de l'infortune : tribut payé sans murmure (1).

Messieurs, l'œil de la police administrative doit être partout et ne se faire sentir nulle part : toute de protection et sagement dirigée, elle agit avec des formes douces, et surtout sans violence ; presque inaperçue, elle arrête le mal, conduit avec humanité le mal-

Réunions publiques.

(1) Loi du 27 vendémiaire an 7 et du 2 vendémiaire an 8 (24 septembre 1799).

faiteur devant le magistrat de sûreté, l'abandonne à sa sagacité, et ne provoque le trouble en aucune circonstance (1).

24° Messieurs, il est pour tous un devoir impérieux, sacré, qu'un homme de bien, un être religieux, ne peut consciencieusement négliger et que cependant beaucoup de citoyens oublient : celui de secourir son semblable dans le malheur. Cette loi d'ordre social et purement morale, commune aux particuliers, est obligatoire aussi pour les nations entre elles. A leur égard elle est plus impérieuse, parce que ses effets ont bien plus d'importance. Il importe à la France, nation grande, puissante, hospitalière, généreuse, de donner l'exemple de ce devoir et de le remplir dans toute sa rigueur. Je veux parler ici du secours et de la protection dûs aux bâtimens jetés à la côte, soit par un naufrage, soit par tout autre accident; aussi nos législateurs s'en sont mûrement occupés. Voyons les mesures qu'ils ont ordonné de prendre en cette malheureuse circonstance.

Bris de bâtimens naufragés ou jetés à la côte.

Tout individu témoin d'un naufrage ou de l'échouement d'un bâtiment sur les côtes en informera sur-le-champ l'agent municipal le plus voisin du lieu, et celui qui, par zèle, en cas d'éloignement, en portera la première nouvelle, sera inscrit honorablement sur les registres de l'administration municipale, et son nom sera proclamé dans la première fête publique du canton (2).

(1) Esprit du décret du 14 décembre 1809, sur la police administrative.

(2) Art. 1er de la loi du 14 août 1799 (27 thermidor an 7).

Le fonctionnaire public, averti de l'événement par cette voie ou par toute autre, en donne sur-le-champ connaissance au juge-de-paix, au maire, à l'agent maritime ou aux autres fonctionnaires civils et militaires (1). Ces autorités rendues sur les lieux, ou le maire seulement, en l'absence des autres (2), place aussitôt une garde de citoyens armés ou de troupe de ligne (requise à cet effet) autour du bâtiment échoué, il en éloigne les curieux ou les mal intentionnés qui peuvent s'y trouver, et s'il y a eu des effets dérobés avant son arrivée, il procède aussitôt à une enquête, fait une visite domiciliaire chez les personnes prévenues de les avoir recelés ou soustraits, et constate cette visite par procès-verbal (3).

Visite domiciliaire.

Lorsque la commune près de laquelle le naufrage a eu lieu a fait elle-même par attroupement le pillage des effets naufragés, elle en est responsable, et, dans ce cas, les procès-verbaux qui en sont dressés sont envoyés à M. le procureur du roi (4).

Pillage des effets naufragés.

Ces mesures préservatives sont indépendantes des secours dûs aux naufragés : secours que l'humanité commande et qui sont prodigués en raison de la position des personnes, des lieux, du temps et des ressources des bienfaiteurs.

Secours aux naufragés.

(1) Art. 2 de la loi du 14 août 1799 (27 thermidor an 7).

(2) Il remplit ici les fonctions d'officier de police judiciaire ou maritime.

(3) Art. 108 du Code des délits et des peines (3 brumaire an 4); art. 3 de la loi du 3 août 1791.

(4) Décret du 9-13 août 1791; art. 10 et 11, arrêté du 27 thermidor an 7 (14 août 1799), Code pénal, section 2, tit. 2, art. 39.

Grande voirie. 25° MM. les maires sont encore spécialement chargés de veiller à la conservation de la grande route, ainsi qu'à la sûreté des voyageurs, en ce qui concerne le chargement des voitures et le cas de contravention aux réglemens (1), au vu des procès-verbaux dressés par les employés des ponts à bascule établis sur les routes (2).

Sa police. Ils ont de même la surveillance sur la libre circulation des voitures sur la voie publique et le partage de la moitié de la route ou du pavé entre les rouliers, voituriers, charretiers et les voitures des autres voyageurs (chaises de poste et diligences). Ces magistrats reçoivent en conséquence les déclarations qui leur sont faites par les conducteurs, postillons, et par les voyageurs eux-mêmes, qui réclament une protection spéciale ; ils dressent procès-verbal de ces déclarations et les font parvenir à MM. les procureurs-généraux.

C'est pour atteindre les contrevenans que les réglemens exigent que les rouliers, charretiers et voituriers de profession placent une plaque sur leur voiture, indiquant leur nom et leur domicile (3).

Epidémies. Mais si la sûreté publique mérite la constante sollicitude du magistrat citoyen, la salubrité de l'air que ses administrés respirent, l'éloignement de toute contagion qui menacerait leur santé ou leurs jours, comme celui de toute épizootie qui porterait ses ra-

(1) Décret du 23 juin 1806, Code pénal, art. 475.
(2) Ordonnance du 4 février 1820, même article du Code pénal.
(3) Ordonnance du 15 mai 1822, même Code.

rages au milieu de leurs troupeaux, doivent être
aussi l'objet de ses soins empressés.

Messieurs, nous sortons à peine d'une épouvan-
table calamité : le choléra! ses miasmes pestilen-
tiels se mêlent encore aux vapeurs de l'atmosphère
européenne. Ce cruel fléau, qui s'est répandu sur
tout le globe avec plus ou moins d'intensité et de
malignité, n'a pas seulement affligé la fragile humanité de maux réels, il en a fait naître d'imaginai-
res. L'ignorance, la superstition, la malveillance
ont précipité des populations entières dans le découragement, l'abattement et la misère, et ont prêté de
l'aliment au monstre dévorateur. Oui! Messieurs, là
où devait régner l'ordre, le calme, une douloureuse
résignation, où la prudence commandait la disper-
sion des masses, la confiance en l'autorité qui devait
veiller dans l'intérêt de sa propre conservation, si
elle n'eût été mue par des sentimens plus nobles et
plus généreux; là, dis-je, de fausses terreurs, une
injuste défiance ont fait éclater l'émeute, et contre
qui? Grand Dieu! contre une classe de citoyens dont
le dévouement est sans bornes, et que l'on a vu,
méprisant le danger personnel, voler du sein de
la capitale et des provinces de notre patrie à Barce-
lonne (1) et plus tard en Pologne (2); accourir de
l'Angleterre et des diverses parties de l'Allemagne (3) aux lieux que nous venons de citer et

(1) Lorsque la fièvre jaune s'y est déclarée.
(2) Lors de l'invasion du choléra dans cette malheureuse contrée.
(3) Nous savons qu'un certain nombre de médecins anglais et

au fond de la Russie pour étudier la contagion, en prévenir les effets, diminuer l'intensité du mal, prodiguer les secours de l'art aux malheureux, puis, forts des connaissances qu'ils ont acquises, rentrer au sein de leur patrie, en faire l'application et l'emploi au soulagement de leurs compatriotes. Nous leur devions des couronnes, l'erreur leur a prodigué des outrages ; mais la vérité s'est fait jour au travers des masses, et une reconnaissance générale, l'estime universelle des hommes de bien ont été leur juste récompense.

On a tout dit, tout prescrit sur le choléra ; de toutes parts des instructions, des circulaires remplies de sages et bienveillans avis, de recommandations dictées par la paternelle prévoyance et l'esprit de philantropie qui distingue et honore le siècle (au moins chez la plupart des peuples) ; des instructions, dis-je, appuyées de secours, ont indiqué tout ce qu'une administration imbue de ces principes doit faire pour arrêter le mal ou l'éloigner s'il reparaissait (1). Ma plume n'affaiblira donc pas ce beau mouvement que j'ai contemplé avec une reconnaissance égale à mon admiration. Aussi je renvoie MM. les maires aux actes administratifs qu'ils ont en leurs mains ; nous allons voir ici ce que les réglemens

---

allemands se sont transportés en Russie lorsque le choléra y portait ses ravages.

(1) Circulaires ministérielles des 5, 6 et 7 avril 1832, et l'instruction populaire qui y fait suite.

leur prescrivent sur la salubrité publique dans les temps ordinaires.

1° Faire visiter dans les boucheries et sur les marchés publics si les débitans de viandes ne vendent pas de bêtes mort-nées ou trop jeunes, ou s'ils n'exposent pas à la consommation des viandes corrompues ou en putréfaction; porter la même surveillance sur la police des abattoirs; les faire construire le long d'un courant d'eau, afin de les faire laver fréquemment, pour qu'il ne sorte pas de ces sortes d'établissemens d'exhalaisons dangereuses, que l'on n'y introduise pas de nuit des animaux morts avant l'abattage ou bien affectés de maladies putrides, qui rendraient la consommation de leur chair nuisible à la santé des hommes; surveiller de même l'impéritie, la négligence ou l'insouciance des bouchers qui, outre ces précautions sanitaires qu'ils négligeraient, laisseraient encore échapper de l'abattoir des animaux destinés à être abattus; enfin, veiller à ce qu'ils aient toujours une quantité de viande suffisante à la consommation, objet de première nécessité dans les villes surtout (1).

Vente de viandes gâtées et corrompues.

Abattoirs.

2° Faire vérifier fréquemment les poids et mesures des débitans de denrées et de liquides, surtout de première nécessité et qui, par une fraude intolérable, priveraient le pauvre consommateur, comme tout autre, d'une partie de sa subsistance (2).

Poids et mesures.

(1) Art. 605 du Code du 3 brumaire an 4, lois du 24 août 1790, du 22 juillet 1791, arrêt du Conseil du 19 juillet 1746, Code pénal, art. 459.

(2) Art. 479 du Code pénal.

Boissons falsifiées.

3° Traduire devant les tribunaux ceux qui vendraient des boissons falsifiées, surtout par des mélanges nuisibles à la santé (1).

Empiriques.

4° Y traduire de même ceux qui exerceraient, sans diplôme et sans une étude approfondie l'art si difficile de la médecine, et abuseraient de la crédulité des gens simples, ou de la faiblesse des malades, naturellement portés à recourir à toutes les voies de soulagement ou de guérison, même les plus absurdes ; ces charlatans et empiriques compromettent la santé des bien portans, retardent ou empêchent la guérison des malades, imposent un tribut à la crédulité publique et aggravent la misère du pauvre (2).

Ventes illicites de drogues.

5° De même encore ceux qui, sans être initiés dans la science de la pharmacie, et sans patentes, se permettent de vendre des remèdes qu'ils n'ont préalablement soumis à l'analyse d'aucune faculté, et qui, sous prétexte de soulager certains maux, abusent aussi de la bonne foi, de l'aveuglement des citoyens, et font avec impunité un commerce aussi dangereux qu'illicite (3).

Vaccine.

6° Combattre avec autant d'énergie que de persuasion le malheureux préjugé qui s'oppose aux heureux progrès de la vaccine, l'une des découvertes les plus favorables à l'humanité ; contraindre la jeune mère à y avoir recours pour conserver sain et sauf son

(1) Art. 318 et 475 du Code pénal.
(2) Art. 21 de la loi du 22 juillet 1791, art. 345 du Code pénal sur les accouchemens.
(3) Loi du 21 germinal an 11 (bulletin 270).

petit nourrisson; couvrir d'une protection particulière MM. les médecins cantonnaux spécialement
chargés de l'opérer, se faire exactement fournir
les états de vaccination, afin de reconnaître que
tous les enfans nouveau nés y ont été soumis (1).

7° Faire combler les mares d'eaux stagnantes et Mares et autres
bourbeuses dont les émanations fétides sont une des eaux stagnantes.
plus grandes causes d'insalubrité; faire enlever les
dépôts de matières infectes, particulièrement les Matières fét-
excrémens et les cadavres d'hommes et d'animaux; des.
les débris de végétaux en fermentation; ordonner le nettoiement des rues et places publiques (2);
faciliter la circulation de l'air; enfin, prendre en
certain temps, et dans des circonstances extraordinaires, toutes les mesures d'administration qui sont
propres à détruire les influences fâcheuses de l'air
ou des saisons, comme tous les autres germes de
maladies (3). Que MM. les maires aient une volonté
bien ferme de faire le bien et le bien se fera, car
la loi a mis en leurs mains des moyens coactifs
pour l'opérer.

Parmi les germes d'infection, il en est que nous
signalerons encore ici.

8° Le rouissage du chanvre est une des plus Rouissage du
grandes causes d'insalubrité qui peuvent contribuer chanvre.
au développement des maladies endémiques ou épi-

(1) Circulaire du ministre de l'intérieur du 6 prairial an 11; autre
circulaire du 18 juin 1832.

(2) Comme nous l'avons déjà dit plus haut; on ne saurait trop le
répéter.

(3) Loi du 29 juillet 1791, et art. 471 du Code pénal.

démiques, ou bien en faire naître. MM. les maires des campagnes où le rouissage des chanvres ne peut être interdit, doivent l'éloigner autant que possible des habitations, donner ensuite de l'écoulement aux eaux qui ont servi à donner cette préparation, et surtout éviter que les hommes et les animaux n'en fassent usage pour boisson (1).

Denrées gâtées et corrompues. 9° Empêcher la vente de tout comestible gâté et corrompu; cette défense s'étend sur le lait, le beurre, les fruits, le poisson d'eau douce et de mer, les volailles, les pommes de terre trop tôt moltées, etc. (2).

Lorsque le magistrat communal, cumulant les fonctions d'officier de police judiciaire, a rempli tous les devoirs que lui imposent la salubrité publique et la préservation de toute contagion à l'égard des hommes, sa vigilance paternelle doit s'étendre *Épizooties.* sur le bien-être et la fortune de ses administrés, en arrêtant les épizooties qui affectent les animaux utiles à l'agriculture ou à l'économie rurale. C'est par cette vigilance qu'il arrête, au seuil, la misère prête à s'introduire sous l'humble toit de l'homme des champs.

Morve. L'attention du maire se fixe d'abord sur la morve des chevaux, maladie de toutes les époques, fort commune, et traitée avec une sorte d'insouciance,

(1) Circulaire ministérielle du 7 juillet 1832 du ministre du commerce et des travaux publics.

(2) Art. 606 du Code du 3 brumaire an 4, arrêté du 22 février 1691, ordonnance de police du 24 septembre 1517 et du 25 avril 1732.

malgré ses funestes effets, car un cheval qui en est atteint peut gâter toute une écurie. Sans rappeler ici l'utilité de ce précieux animal dans l'agriculture et le commerce, la perte d'un cheval, par sa valeur toujours élevée, est fort sensible au petit propriétaire auquel il faut beaucoup de productions pour la réparer. L'habitant qui a un de ces animaux qu'il reconnaît ou soupçonne d'être atteint de morve doit en faire aussitôt la déclaration au maire de sa commune (1) qui fait de suite appeler l'artiste vétérinaire, se rend avec lui dans l'écurie où se trouve l'animal malade et dresse procès-verbal de cette visite et du rapport ou des dires de l'artiste. Si le mal est avéré, le maire fait aussitôt abattre le cheval et le fait enfouir, comme il sera dit plus bas; dans l'incertitude, il défend sur-le-champ toute communication de ce cheval et de tous les autres chevaux de la même écurie avec ceux du dehors, soit à la pâture, soit à l'abreuvoir, jusqu'à ce qu'un nouveau rapport de l'artiste vétérinaire ait attesté ou que le maire ait reconnu par lui-même, que le cheval soupçonné morveux est radicalement guéri.

Si la morve a existé, le maire doit prescrire au propriétaire de faire purifier avec de la chaux vive et de laver les écuries, auges, ratcliers et harnais qui auraient servi aux animaux morveux (2): mesure sagement adoptée et suivie dans la cavalerie où l'on

(1) Sous peine de 500 francs d'amende, ordonnance de la Généralité de Paris, en date du 8 juin 1745.

(2) Arrêté du 29 germinal an 9, autre du 3 brumaire an 11, (bulletin 227).

brûle même les harnais du cheval mort ou abattu.

Bêtes à cornes. Tout citoyen détenteur ou propriétaire de bêtes à cornes, qui a une ou plusieurs bêtes malades ou suspectes de maladies épizootiques, est tenu d'en avertir (1) sur-le-champ le maire de sa commune qui doit les faire visiter, sans délai, par l'artiste le plus voisin ou par celui désigné par l'administration supérieure (2).

Le maire tient un registre de ces déclarations, et, sur le rapport de l'expert, il ordonne de suite que ces animaux soient séparés des autres et ne communiquent avec aucun de ceux de la commune, ni au pâturage, ni aux abreuvoirs communs (3).

Ce magistrat en informe aussitôt le sous-préfet de l'arrondissement qui en donne avis au préfet du département.

Dès que l'épizootie est déclarée, le maire en fait la publication et prescrit aux propriétaires de lui faire la déclaration du nombre de bêtes à cornes qu'ils possèdent, avec la désignation de leur signalement, et en dresse un état qu'il envoie sans différer au sous-préfet (4).

Leurs marques. Ensuite il fait marquer, sous ses yeux, toutes les bêtes à cornes de la lettre *M* avec un fer chaud;

(1) Arrêt du parlement du 14 mars 1745, et du conseil du 19 juillet 1746; autre arrêté du 16 juillet 1784; instruction ministérielle du 23 messidor an 5.

(2) Art. 2 et 3 de l'arrêt du conseil du 19 juillet 1746, prononçant 500 fr. et 100 fr. d'amende.

(3) Art. 3 de cet arrêt.

(4) Même arrêt.

l'épizootie éteinte, le préfet ordonne de leur appliquer une contre-marque qui les rend au commerce ordinaire du bétail. Afin d'éviter toute communication des bestiaux de pays infectés avec ceux qui ne le sont pas, l'autorité ordonne de fréquentes visites, à l'effet de constater qu'il n'en a été distrait aucun (1).

Si, contrairement aux mesures préventives, quelqu'un se permet de vendre ou d'acheter une bête marquée, dans un pays infecté, pour la conduire dans un marché, une foire, ou chez un particulier, il se rend passible d'une forte amende, et les propriétaires qui feraient conduire de ces bestiaux de pays infectés en d'autres lieux, sont responsables des conducteurs et passibles de la même peine et de dommages et intérêts (2). *Défense de les vendre.*

Les fonctionnaires publics qui trouvent sur les chemins, ou dans les foires ou marchés, des bêtes à cornes marquées de la lettre *M*, sont tenus de les faire conduire chez le juge-de-paix qui les fait tuer en sa présence (3).

Les propriétaires de bêtes saines, en pays infectés, peuvent en faire tuer chez eux ou en vendre aux bouchers de leur commune; mais : 1° après l'attestation faite par l'artiste; 2° sous la condition que le boucher n'entrera point dans l'étable; 3° qu'il tuera les bêtes dans les vingt-quatre heures; 4° enfin *Vente autorisée de viande dans les pays infectés.*

(1) Arrêt du conseil du 19 juillet 1746, et autre arrêt du 16 juillet 1784.

(2) Art. 5 et 6 de l'arrêt du 19 juillet 1746.

(3) Art. 7 du même arrêt.

6*

après que le propriétaire ou le boucher auront obtenu la permission écrite du maire, de faire tuer, à peine d'amende (1).

Dans les épizooties déclarées, les propriétaires de chiens sont obligés de les tenir à l'attache (2).

Certificats à délivrer. Les fonctionnaires qui, dans cette circonstance calamiteuse, délivrent des certificats ou attestations contraires à la vérité se rendent passibles d'une forte amende (3) et même d'autres poursuites (4). Toute bête morte de l'épizootie sera aussitôt traînée au lieu désigné par l'autorité et enterrée seule dans une fosse de huit pieds de profondeur, et de suite recouverte de terre; il est expressément défendu d'en jeter dans les jardins, les bois, les rivières, les voieries, ni d'en enterrer dans les étables, cours et jardins (5).

L'administration civile emploiera tous les moyens en son pouvoir pour prévenir et arrêter l'épizootie; elle ne saurait déployer trop de zèle dans une aussi grave calamité (6).

Lorsque l'épizootie règne dans un pays voisin, le maire ne doit tolérer, dans sa commune, l'acquisition d'aucune pièce de bête à cornes, d'une provenance inconnue, sans que le vendeur ne soit por-

---

(1) L'arrêt du conseil du 19 juillet 1746, art. 8, fixe une amende de 200 fr., solidaire entre le propriétaire et le boucher.

(2) Loi du 19 juillet 1791.

(3) De 1000 francs, arrêt du 24 mars 1745.

(4) Arrêt du 14 mars.

(5) Art. 6, arrêt du conseil de 1474 et 5 de l'arrêt du parlement de 1745.

(6) Décret du 28 septembre 1791, et détails sur le traitement des maladies épizootiques.

teur d'un certificat d'origine en bonne forme, et sans que ce dernier ne présente des garanties suffisantes à son acquéreur, afin qu'il puisse fonder son recours en dommages civils contre toute fraude, et pour le temps de garantie fixé par l'usage des lieux (1).

Si l'épizootie s'est déclarée dans la commune, au temps du parcours, dans les pays où il s'exerce, et dans un seul troupeau, le conseil municipal, extraordinairement convoqué, indique un espace exclusif de parcours au troupeau malade; il désigne même le chemin particulier par lequel il doit se rendre et revenir de la pâture, afin d'éviter toute espèce de contact et de rapprochement avec les bestiaux non infectés. *Parcours particulier aux troupeaux infectés.*

Dans toutes les mesures que ce cas affligeant exige, le maire ne doit rien donner à l'arbitraire, encore moins écouter des craintes chimériques ou des bruits dont il n'aurait pas suffisamment apprécié la valeur et recherché l'origine, afin de ne porter aucune atteinte à la liberté dont doivent jouir l'agriculture et le commerce.

Ce magistrat doit encourager, par des récompenses, la destruction, dans les campagnes, des animaux malfaisans, dont la dent meurtrière et l'audacieuse rapacité portent le ravage dans les parcs de troupeaux; il doit encourager de même la destruction des insectes qui nuisent à l'abondance des récoltes (2). *Destruction des animaux malfaisans.*

(1) Code civil, art 1382, 1383, 1385, quasi-délits.
(2) Loi du 10 messidor an 5 (bulletin 130). Lettre ministérielle

Refus de se conformer au vœu de l'autorité. Les citoyens qui refusent ou négligent de se conformer aux dispositions prescrites par les décisions de l'autorité municipale, rendues exécutoires par l'autorité supérieure, se rendent passibles des peines de simple police.

Ces décisions, comme tous les autres actes de l'autorité, les arrêtés du maire, les délibérations du conseil municipal, les avis que donne l'administration, les déclarations qu'elle reçoit, doivent être inscrites sur un des registres à ce destiné, et parafé par le maire; tous les administrés ont le droit de demander communication, sans frais et sur place, en ce qui les concerne (1).

du 25 septembre 1807, et, pour les insectes, art. 20, section 4, tit. 1er de la loi du 28 septembre 1791.

(1) Art. 37 de la loi du 2 messidor an 2, décision ministérielle du 4 mai 1808.

LIVRE III.

LE MAIRE CONSIDÉRÉ COMME DÉLÉGUÉ DE L'ÉTAT.

Messieurs, nous avons considéré jusqu'ici MM. les *Troisième at-* maires des communes dans les rapports qu'ils ont *tribution.* avec leurs concitoyens et dans ceux qu'ils ont avec l'administration judiciaire, en leur qualité d'officiers de sa police; nous allons essayer de donner main-tenant une idée, la plus exacte possible, de leurs attributions comme fonctionnaires ou délégués de l'Etat, et des obligations que ces attributions leur imposent; nous la ferons précéder de quelques princi-pes généraux sur la promulgation des lois et sur la manière dont s'acquiert et se perd le titre de ci-toyen.

Messieurs, « les lois sont exécutoires dans tout le *Promulgation* « territoire français, en vertu de la promulgation *des lois, princi-* *pes généraux.* « qui en est faite par le roi. Elles sont exécutées, dans « chaque partie du royaume, du moment où la pu-« blication peut en être connue (1).

« La promulgation faite par le roi est réputée

_____

(1) Décret du 5 mars 1803, art. 1ᵉʳ du Code civil.

« connue dans le département de la résidence royale,
« un jour après celui de la promulgation, et, dans
« chacun des autres départemens, après l'expiration
« du même délai, augmenté d'autant de jours qu'il
« y a de fois 10 myriamètres (environ 20 lieues) (1).

« Les lois de police et de sûreté obligent tous ceux
« qui habitent le territoire (2).

« Les immeubles, même ceux possédés par les
« étrangers, sont régis par la loi française.

« Les lois concernant l'état et la capacité des per-
« sonnes régissent les Français, même résidant en
« pays étrangers (3).

« On ne peut déroger par des conventions parti-
« culières aux lois qui intéressent l'ordre public et les
« bonnes mœurs (4).

« La qualité de citoyen français ne s'acquiert et
« ne se conserve que conformément à la loi consti-
« tutionnelle (5).

« Tout Français jouit des droits civils (6). »

D'après ces dispositions de notre Code civil, vous
apprécierez facilement toute l'importance que MM.
les maires doivent mettre à la prompte publication
de nos lois, et dont ils sont spécialement chargés :
dans les villes, par la désignation des lieux destinés
à recevoir l'affiche des lois et actes de l'autorité pu-

(1) Art. 2 du Code civil.
(2) Art. 3 du même Code.
(3) Art. 6 du même Code.
(4) Art. 7 du même Code, décrété le 8 mars 1808.
(5) Art. 9 du même Code.
(6) Art. 8 du même Code.

blique (1); dans les campagnes, par la publication qui en est faite aux habitans réunis en cercle sur la place publique, ou en tel autre lieu désigné, à l'issue de l'office divin ou dans la forme usitée par l'autorité, suivant les usages locaux.

Messieurs, nous l'avons dit, les lois n'ont pas d'effet rétroactif, mais elles saisissent les Français à l'instant même où la publication est censée en avoir été faite; et combien n'ont été punis et le sont encore tous les jours pour l'inexécution de lois qu'ils n'ont jamais connues et que peut-être ils ne connaîtront jamais?

« Tout homme né et résidant en France, qui, âgé   Droits civiques.
« de vingt-un ans accomplis, s'est fait inscrire sur
« le registre civique de son arrondissement commu-
« nal et qui a demeuré depuis lors pendant un an
« sur le territoire de la France, est Français (2).

« Tout individu né en France d'un étranger de-   Comment ils
« vient Français, lorsqu'après avoir atteint l'âge de s'acquièrent.
« vingt-un ans accomplis et y avoir résidé, il déclare
« que son intention est d'y fixer son domicile (3).

« L'enfant né d'un Français en pays étranger est
« Français; celui né en pays étranger d'un Français
« qui aurait perdu la qualité de Français, pourra

(1) Loi du 22 mai 1791, du 24 germinal an 4. (Aucune publication ne doit être faite, aucune affiche placardée par des particuliers, sans l'autorisation de l'autorité qui exerce la police, sous peine de restitution et d'amende (loi des 5 nivose an 3, 9 vendémiaire an 6, et arrêté du 3 brumaire an 6).

(2) Constitution de l'an 8, art. 75, et loi du 22 frimaire an 8.

(3) Art. 9 du Code civil.

« toujours recouvrer cette qualité en remplissant les
« formalités prescrites par l'article 9 (1). »

MM. les maires étaient spécialement chargés par
la constitution de l'an 8 de la tenue du registre civique. Cette disposition n'est pas renouvelée, quoique notre Code civil parle de ce registre; il paraît
cependant indispensable que ces administrateurs
tiennent de la population de leur commune un registre qu'ils ont à consulter journellement : 1° pour
reconnaître et fixer la jouissance des droits civils et
politiques de leurs administrés, droits déterminés et
spécifiés par nos lois organiques; 2° ceux des étrangers établis dans la commune, dont la jouissance
des droits est fixée par des traités réciproques aux
Français établis en leur pays (2).

Les Français perdent la qualité de Français : 1° par
leur naturalisation en pays étranger; 2° par l'acceptation, non autorisée par le roi, de fonctions ou de
pensions offertes par un gouvernement étranger;
3° par des condamnations à des peines afflictives ou
infamantes; 4° enfin par tout établissement fait en
pays étranger sans esprit de retour. Nous ferons
observer que les établissemens de commerce ne
peuvent jamais être considérés comme faits dans cet
esprit (3).

Sont suspen-
dus.
Les droits civils de citoyen français sont suspendus : 1° par l'état de débiteur failli ou d'héritier

_____

(1) Art. 10 du Code civil.
(2) Constitution de l'an 8, art. 10 et 11 du Code civil.
(3) Art. 17 du Code civil.

immédiat, détenteur à titre gratuit de la succession totale ou partielle d'un failli (1).

2° Par l'état de domestiques à gages, attachés au service d'une personne ou d'un ménage ; 3° par l'interdiction judiciaire d'accusation ou de contumace (2).

Outre ces dispositions fondamentales, la jouissance de certains droits civils est encore suspendue : 1° par les condamnations prononcées en matière correctionnelle, telles que l'emprisonnement à temps dans un lieu de correction, l'interdiction à temps de certains droits civils ou de famille (3).

Privation de certains droits civils.

2° La condamnation à la peine de travaux forcés à temps, au bannissement, à la réclusion ou au carcan, prive des facultés d'être juré, expert, témoin dans les actes civils, et d'être appelé à déposer en justice, autrement que pour y donner des renseignemens, enfin du droit d'exercer la tutelle et la curatelle, autres que celles de ses enfans, encore sur l'avis du conseil de famille ; cette condamnation prive en même temps de l'honneur de servir dans les armées françaises (4).

3° La dégradation civique, outre la privation de tous les droits, entraîne encore la destitution et l'exclusion de toutes fonctions et emplois publics (5).

4° Tout jugement de tribunaux jugeant correctionnellement et qui a prononcé l'interdiction en

(1) Art. 5 de l'acte constitutionnel du 22 frimaire an 8.
(2) Même article, § 2.
(3) Même article, § 3.
(4) Art. 8, 9 et 42 du Code pénal.
(5) Même Code, art. 126 et 34.

tout ou en partie des droits énoncés ci-dessus, de plus, des droits de voter et d'être éligible, d'être appelé aux fonctions de juré ou autres, et qui a privé du port d'armes, du vote et du suffrage dans les conseils de famille (1).

5° Les prolétaires, qui ne sont pas même imposés à la contribution personnelle, sont privés de l'honneur de faire partie de la garde nationale (2), de voter dans les élections communales (3), mais leur position n'implique, comme la condition de domestique à gages, aucun déshonneur. Tous les momens du premier appartiennent au travail; il n'en peut détourner aucun pour le service public sans nuire à ses moyens d'existence ou à ceux de sa famille; mais la loi, tout en demandant des garanties sociales, n'imprime pas un sceau réprobateur sur le front de l'indigent; l'emploi de son temps, bien utilisé, et le développement de ses facultés morales et intellectuelles mis en évidence, peuvent le rendre à l'aisance, lui donner même la fortune, et le faire jouir, comme tous ses concitoyens, de la plénitude de ses droits civils et politiques.

Français inadmissibles au droit dans les élections quelconques.

Les heures du domestique à gages sont le domaine de son maître, il ne peut donc en disposer non plus pour le service public, ni les perdre dans des réunions politiques; mais qu'il forme un établissement indépendant qui le soumette au cens de l'impôt, à l'instant même toute marque de servage cesse, il se

(1) Code pénal, art. 42.
(2) Loi du 22 mars 1831 sur l'organisation de la garde nationale.
(3) Loi du 21 mars 1831 sur les élections communales.

confond dans les rangs de ses compatriotes et jouit, comme eux, de tous les droits en rapport avec sa fortune ou sa position (1).

Il en est de même du Français établi en pays étranger, ou qui y accepte des fonctions, lorsqu'il obtient du roi la faculté de rentrer dans sa patrie; c'est un exilé qui revient au foyer paternel.

Le failli libéré, ou son héritier détenteur de sa fortune, qui rentre dans la voie de l'honneur par l'acquittement des dettes de son parent, fait cesser toute suspension de la jouissance de ses droits en général; cette suspension cesse par la cessation de la cause qui l'a produite.

Tous les Français sont égaux devant la loi, dit la Charte constitutionnelle, quels que soient leurs titres et leurs rangs, et si tous ne jouissent pas à un égal degré de leurs droits civils et politiques, c'est que la conservation du corps social y met un obstacle insurmontable; mais heureux du titre de citoyen français et d'homme libre, nous répudions l'orgueil et l'arrogance des fiers citoyens romains, dont le dernier se plaçait au-dessus de la pourpre des rois. Nous ne marchons pas suivis, comme eux, de cliens, d'affranchis et d'esclaves; tous nos concitoyens sont nos égaux; mais nous ne tremblons pas non plus sous la verge humiliante des licteurs; nous ne courbons point nos têtes sous la hache capricieuse et despotique d'un dictateur; nous ne tremblons pas

(1) Nous avons traité, dans notre ouvrage général, de tout ce qui regardait à Rome le patronage, la clientelle, l'affranchissement et l'esclavage.

aux ordres sanguinaires d'un Marius, d'un Sylla, d'ambitieux triumvirs. Non, Messieurs, nous n'avons point l'orgueilleuse prétention de mettre l'univers à nos pieds et de lui faire porter le poids de nos propres chaînes. Heureux et libres sous nos princes constitutionnels, sages et populaires, nos fronts ne se courbent que sous le joug sacré des lois; nous ne voulons point, comme les Quirites (1), de la liberté pour nous, de l'esclavage pour les autres. Non! nous respectons les traités et les droits; nous laissons aux autres nations de la terre leurs constitutions, leurs rois, leurs usages, leurs mœurs, leurs richesses; nous ne demandons avec toutes que des relations amicales. Assez de triomphes ont élevé notre gloire nationale; assez de revers nous ont appris à connaître le néant des conquêtes. C'est par des flots de sang humain qu'on les acquiert, c'est dans des flots de sang qu'on en dispute la possession et qu'on les perd. Les grands empires fondés par Clovis, Charlemagne, Louis XIV et Napoléon, ont été divisés plutôt que conquis; et si les faits d'armes de ces héros tiennent une grande place dans les fastes glorieux de la France, les calamités qui les ont suivis en tiennent une plus grande encore dans l'histoire de ses malheurs. Honorons le titre de citoyen français par notre dévouement à la patrie, notre obéissance aux lois, notre amour pour le prince; honorons-le par notre union, notre tolé-

(1) Quirite, surnom donné aux Romains de leur dieu Quirinus ou Romulus leur fondateur.

rance religieuse, notre respect pour la gloire et l'indépendance des autres nations, par notre bienveillante et gracieuse hospitalité pour les étrangers ;
que le sol de notre belle France soit un champ
d'asile ouvert à tous les malheureux (1). L'olivier à
la main, qu'ils y soient accueillis en frères ; la générosité dans la puissance est d'un faible mérite,
mais la modération dans la prospérité est une haute
vertu, digne d'un peuple brave et magnanime.

Scipion, vainqueur à vingt-deux ans de la seconde   Trait histori-
Carthage (2), Scipion y trouva rassemblés les nom-   que.
breux otages qu'Annibal avait exigés des peuplades
espagnoles avant son départ pour l'Italie ; il leur
donna la liberté. Assis sur son tribunal, entouré de
son armée victorieuse, il remit les uns aux députés
de ces peuples qui se trouvaient près de sa personne,
et fit dire aux nations et aux villes non représentées
d'envoyer chercher les autres. Il était occupé de ces
soins généreux lorsque la renommée annonça l'arrivée d'une jeune captive d'un sang royal de la Péninsule, d'une beauté tellement accomplie que partout, sur son passage, elle attirait les regards de la
foule, et qu'on la prenait pour une divinité. Scipion
refusa de la voir, mais il s'informa de sa famille, et

(1) Je ne veux parler ici ni des vagabonds, ni des malfaiteurs ;
ceux-ci doivent soulager leur misère par le travail et par un retour
sur eux-mêmes : ils sont les fléaux de toutes les nations.

(2) Carthagène en Espagne, bâtie par les Carthaginois ; ils en
firent le dépôt de leurs armées dans la Péninsule ; Scipion la prit
en un jour ; ce fut, sans contredit, un des plus beaux faits-d'armes
de l'antiquité.

sut qu'elle était fiancée au chef des Celtibériens (1).
Il en confia la garde à un officier de mœurs pures et
irréprochables : « Vous me répondrez sur votre tête,
« lui dit-il, des outrages faits à sa pudeur comme
« à celle des autres dames captives. » Puis il fit man-
der, en son camp, les parens de la princesse et le
prince celtibérien (2); lorsqu'ils y furent, il prit Allucius en particulier, et lui dit : « Prince, je vous rends
votre amante, toujours digne d'être votre épouse,
je veux dire dans toute sa pudeur virginale ; elle a
trouvé dans mon armée un asile aussi respectable
qu'au foyer paternel. » Et comme l'orgueil blessé
des parens de la princesse le forçait à accepter l'or
qu'ils avaient apporté pour sa rançon, il le fit déposer aux pieds de cette belle captive, et dit à
Allucius : « Prince, outre la dot que vous recevrez de
votre beau-père, agréez cette somme pour mon présent de noces et disposez-en comme de votre bien. »

Allucius, pénétré de tant de bontés, saisit la
main de Scipion, et, la pressant sur son cœur, il
supplia et conjura les dieux immortels d'acquitter
tant de bienfaits, puisqu'il ne serait jamais en son
pouvoir de les reconnaître dignement ; le jeune
proconsul lui répliqua : « Prince, je ne vous demande d'autre reconnaissance que votre amitié et
votre alliance avec un peuple qui sait respecter la
justice et les lois. »

(1) Il se nommait Allucius.
(2) La Celtibérie était une grande province au-delà de l'Ebre.
Elle a long-temps combattu contre les Romains pour son indépendance.

Si les Romains eussent toujours conservé cette pureté de mœurs, ils eussent été vraiment dignes de conquérir l'univers, car ils n'eussent fait que l'associer à leur gloire et à leur liberté (1).

Ce trait de grandeur d'âme et de sublime vertu du jeune Scipion mit l'Espagne et Carthage dans les fers des Romains, tant les grandes actions ont d'empire sur les hommes (2) !

Messieurs, en parlant du titre de citoyen français, je n'ai pu contenir les sentimens dont est rempli le cœur d'un vieux soldat, qui a gagné ce titre honorable sur les champs de bataille et qui désire l'illustrer encore pendant la paix (3).

Revenons aux devoirs des maires.

La tenue d'un registre civique, que nous appellerons la matricule communale, nous paraît être d'une grande nécessité, parce qu'elle fixe ou sert à fixer la situation de chaque citoyen, et détermine la jouissance de ses droits civils et politiques ; aidés de ce secours, les maires trouveront avec facilité : 1° ceux de leurs administrés qui, par leur cens ou par leur position dans l'ordre social, concourent à l'éligibi-

Registre matricule.

Son utilité.

----

(1) Extrait de Tite-Live.

(2) Ce fait est incontestable, les vertus de Scipion lui ont facilité la conquête de toute l'Espagne ; sûr de ce côté, aidé même par les Espagnols, il a pu tranquillement opérer son débarquement en Afrique.

(3) L'auteur de cet entretien a servi dans les armées, et activement près de vingt années, et depuis dix années dans les administrations civile et judiciaire.

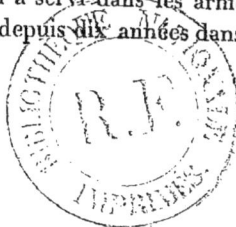

7

lité pour nos Chambres législatives (1); 2° les droits de ceux qui, par les mêmes motifs, sont appelés dans les collèges électoraux pour l'élection de nos législateurs (2); 3° de ceux encore qui, par leur cens et par les emplois salariés ou honorifiques qu'ils occupent, figurent sur les listes de nos jurés (3)... missions gratuites, honorables, dignes d'une haute confiance, sphère la plus élevée des devoirs et des droits politiques; 4° des citoyens que les lois appellent à la composition des collèges, particulièrement convoqués pour l'élection des membres des conseils de département et d'arrondissement (4); 5° de ceux qui ont droit de voter dans les élections communales (5), dernier degré de l'échelle élective; 6° de ceux qui sont appelés dans les rangs de la garde nationale et qui doivent figurer sur les contrôles du service ordinaire ou sur ceux de la réserve (6). C'est encore sur ce registre matricule que MM. les maires constateront l'exactitude des déclarations qui leur seront faites par les parens ou tuteurs des jeunes gens appelés au service de nos armées, pour y payer la dette sacrée que chaque Français doit à sa patrie. Il leur servira à établir les motifs ou causes de dispenses autorisées par la loi

(1) Charte constitutionnelle et loi du 19 avril 1831 sur les élections.

(2) Loi du 19 avril 1831.

(3) Même loi sur le jury.

(4) Loi présentement en discussion.

(5) Loi du 21 mars 1831 sur les élections communales.

(6) Loi du 22 mars 1831 sur la garde nationale.

sur le recrutement (1) et dont nous parlerons plus tard : travail minutieux qui demande autant d'impartialité que d'exactitude.

L'assiduité de MM. les maires, la promptitude dans leurs opérations préparatoires, ouvrent des voies faciles à l'administration supérieure et donnent plus d'activité à la marche de notre système constitutionnel qui, bien compris, offre le plus parfait de tous les gouvernemens dans l'état actuel et avancé de nos mœurs et de notre civilisation, seul ancre de salut pour les peuples travaillés par une longue anarchie : ancre que l'on ne jettera sur un fond solide que lorsque les classes élevées de la société comprendront bien toute la dignité, la religieuse importance des fonctions législatives, et lorsqu'on s'occupera avec une persévérance inébranlable et sur une base large et généreuse de l'éducation des classes ouvrières de la société, comme tout annonce la salutaire intention de le faire ; car, ne nous y trompons pas, Messieurs, l'accroissement rapide et journalier de ces classes augmente toujours plus la division des petites propriétés, cause de la diminution de la fortune territoriale, et c'est cette réduction dans les fortunes qu'il faut remplacer dans l'économie générale, par l'instruction, la propagation bien entendue des lumières, l'explication des saines maximes de l'Evangile, les progrès de l'industrie agricole surtout et de celle commerciale, enfin par le bienfait d'une colonisation successive et prospère.

Importance de l'accomplissement des devoirs dans toutes les fonctions publiques.

(1) Loi du 21 mars 1832 sur le recrutement.

7*

· Voyons, Messieurs, ce que nos lois exigent de MM. les administrateurs communaux en leur qualité de délégués ou fonctionnaires gratuits de l'Etat. Considérons, sous ce point de vue, toute l'importance de leurs devoirs et de la responsabilité qu'ils entraînent.

Publicité des lois et actes administratifs.

1º La plus prompte et la plus attentive publication des lois, afin que leurs administrés ne puissent s'excuser de leur inexécution sur le défaut de leur publicité, comme de celle des ordonnances, circulaires, réglemens, actes de l'administration supérieure qui en expliquent le texte et en éclairent le sens (1).

Compte à rendre par les maires.

2º Rendre compte, sans le moindre délai, à leur chef immédiat dans la hiérarchie des pouvoirs administratifs (2), de tous les actes qui se feraient dans leur arrondissement communal contrairement à l'ordre et à la tranquillité publique, au respect dû aux personnes et aux propriétés communales ou particulières et dont la gravité annoncerait des desseins pervers.

Excès de pouvoirs.

3º De s'interdire tous actes administratifs qui excèderaient leurs pouvoirs; dans les cas où ces actes ont eu lieu, et compromettent la responsabilité de l'autorité qui s'en est rendue coupable, il en est référé préalablement à MM. les préfets et à MM. les ministres, chacun en ce qui le concerne, avant d'être soumis au Conseil-d'Etat.

(1) Art. 1er du Code civil.
(2) Le sous-préfet de l'arrondissement.

Mais si ces actes soulèvent une question ou une contestation de propriété, la connaissance en appartient à l'autorité judiciaire (1).

4° De constater par procès-verbal l'abandon des enfans nouveau nés ou autres, des fous ou furieux, délaissés sans asile ou sans secours par leurs parens, soit par suite d'une extrême misère, soit par leur absence en lieux inconnus, soit enfin par le malheureux fruit du libertinage (2); dans ces cas divers MM. les maires dressent un acte de notoriété publique, sur la déclaration de plusieurs citoyens domiciliés, pour faire admettre ces malheureuses victimes dans un hospice départemental : la pitié publique, l'amour-propre national, l'honneur d'une commune ne permettent pas de rejeter ces infortunés; en attendant leur admission on leur doit les secours invoqués par l'humanité souffrante.

[Abandon d'enfans, de fous ou furieux.]

5° De recevoir, en l'absence d'un commissaire de police, les déclarations des parens, amis ou voisins d'une personne qui aurait disparu furtivement ou se serait absentée sans aucun avis; faire à son égard les recherches nécessaires dans son domicile; en dresser procès-verbal à l'instant même et en double pour qu'une copie soit adressée au sous-préfet et une autre, sans le moindre délai, au juge-de-paix du canton, et afin qu'il soit de suite procédé à l'apposition des scellés, pour garantir les intérêts de l'absent ou de

[Absens.]

(1) Art. 184 à 191 du Code pénal, 618 à 625 du Code civil, ordonnances royales des 20 novembre 1815 et 28 septembre 1816, loi du 2 septembre 1795.

(2) Art. 348 à 353 du Code pénal, réglement du 6 août 1821.

sa famille, comme ceux des tiers à leur égard (1).

La disparution d'un agent comptable réclame les mêmes précautions pour la conservation des deniers publics.

6° Dans les communes où il ne réside pas de juge-de-paix, informer le magistrat compétant, sans délai, de la mort de toute personne de la commune qui laisse pour héritiers des pupilles, des mineurs et des absens; la négligence, en pareil cas, expose le maire à la suspension de ses fonctions et à des dommages civils (2): tout retardement peut être très préjudiciable aux héritiers ou à des tiers.

7° Faire droit sur-le-champ à la réclamation de toute personne illégalement et arbitrairement détenue, soit dans les maisons destinées à la garde des détenus, soit dans un autre lieu, lorsqu'il n'est pas justifié que cette arrestation a été dénoncée à l'autorité supérieure. Le refus que ferait le maire de céder à la réquisition qui lui serait faite dans ce cas l'exposerait à la dégradation civique, et le rendrait passible de dommages civils envers la personne arbitrairement détenue (3).

8° Le maire, comme tout fonctionnaire public qui excède ses pouvoirs ou en use pour vexer ses concitoyens, commet un grave abus d'autorité et encourt la peine de 200 à 500 francs d'amende, ou-

(1) Tout le titre 4 du livre 1er du Code civil, et art. 1er de la loi du 11 ventose an 2, loi du 2 septembre 1794 (16 fructidor an 11.

(2) Arrêté du 22 prairial an 5 (bulletin 128).

(3) Code d'instruction criminelle, art. 615, 616, 617; 117 et 119 du Code pénal.

tre l'interdiction de toutes fonctions publiques, de cinq à vingt ans (1).

9° Toute suppression ou ouverture de lettres confiées à la poste, que ce magistrat aurait commise ou facilitée, le soumet à une amende de 16 à 300 fr. et à la même interdiction de cinq à dix ans (2). Lettres ouvertes.

10° Tout maire, en sa qualité de fonctionnaire public, qui aura requis ou ordonné l'emploi de la force contre l'exécution de la loi, ou contre la perception d'une contribution légale, soit ordonnance ou mandat de justice, soit tout autre ordre émané de l'autorité légitime, sera puni de la réclusion (3). Abus de la force publique.

11° Lorsque la réquisition de cette force armée aura été suivie d'effet, la peine sera celle de la déportation ; toutes ces pénalités établies par la loi sont toujours sans préjudice des restitutions et des dommages et intérêts qui peuvent être dus aux parties (4). Ses suites pénales.

12° Tout maire ou adjoint qui serait entré en fonctions sans avoir prêté le serment pourra être poursuivi et puni d'une amende de 16 à 150 fr.(5). Nécessité du serment des fonctionnaires.

13° Tout fonctionnaire destitué ou révoqué de ses fonctions, qui, après en avoir eu connaissance officielle, aura continué l'exercice de ces mêmes fonctions, pourra être puni d'un emprisonnement Fonctions illégalement remplies.

(1) Art. 184, 185 et 186 du Code pénal, art. 114 du même Code.
(2) Art. 187 du même Code.
(3) Art. 188 du même Code.
(4) Art. 189, 190, 191 du même Code.
(5) Art. 196 du même Code.

de six mois à deux ans, et d'une amende de 100 à 500 fr. (1).

14° Se rendent coupables de forfaiture, et seront punis de la dégradation civique, tous maires ou adjoints qui, agissant comme officiers de police judiciaire, se seraient immiscés dans l'exercice du pouvoir législatif, soit par des réglemens contenant des dispositions législatives, soit en arrêtant ou suspendant l'exécution d'une ou plusieurs lois (2).

15° Tout fonctionnaire ou officier public qui, dans l'exercice de ses fonctions, aura commis un faux, soit par fausses signatures, soit par altération des actes, écritures et signatures, soit par supposition de personnes, soit par des écritures faites ou intercalées sur des registres ou autres actes publics, depuis leur confection ou leur clôture, sera puni des travaux forcés à perpétuité (3).

16° Tout fonctionnaire ou officier public qui se rend coupable du crime de concussion en ordonnant de percevoir, exigeant ou recevant ce qui n'était pas dû ou ce qu'il savait n'être pas dû, ou en excédant ce qui était dû pour taxes, droits, contributions ou autres, se rend passible de la peine de la réclusion, outre l'amende en raison des restitutions et des dommages et intérêts (1).

17° Celui qui aura agréé des offres ou promesses, ou reçu des dons ou présens, pour faire un acte de

(1) Art. 10 et 197 du Code pénal.
(2) Art. 127, 128, 2ᵉ §, 129, 2ᵉ § du même Code.
(3) Art. 145 et 146 du même Code.
(4) Art. 174 et 175 du même Code.

sa fonction ou de son emploi, même juste, mais non sujet à salaire, sera puni du carcan, et condamné à une amende double de la valeur des promesses agréées ou des choses reçues (1).

18° Hors les cas où la loi règle spécialement les peines encourues pour crime ou délit, ceux d'entre les fonctionnaires qui auront participé à d'autres crimes ou délits, qu'ils étaient chargés de surveiller ou de réprimer, subiront toujours le maximum de la peine qui y est attachée (2).

19° Lorsque l'abus commis par le maire ne concerne que des droits d'usage, il n'est passible que de condamnations civiles (3).

20° MM. les maires doivent rendre compte à leurs sous-préfets des accaparemens ou achats considérables de denrées de première nécessité, qui paraîtraient faits dans l'intention d'amener une disette, en faisant hausser les prix à un taux bien au-dessus de toutes les chances du commerce, afin d'en tirer ensuite un bénéfice usuraire ou d'exciter du trouble par l'accroissement de la misère publique : acte bien coupable ; mais les maires doivent borner leur action à ce simple avertissement et attendre les ordres de l'administration supérieure sur les mesures à prendre. Les libertés du commerce veulent être respectées, on ne les menace pas impunément; le contre-coup qui en résulte altère le crédit, dont le commerce se nourrit, il affaiblit la

Accaparemen des denrées.

(1) Art. 177 du Code pénal.
(2) Art. 198 du même Code, intitulé : Disposition particulière.
(3) Consulter les art. 618 à 625 du Code civil, et à double titre.

confiance des capitalistes; il faut ne troubler ses libertés que quand elles sont menaçantes, et dans des cas bien extraordinaires, dont l'appréciation n'est pas toujours de la capacité d'un simple fonctionnaire (1).

Actes de dévouement.

21° Ces magistrats doivent à l'administration un compte exact, fidèle et consciencieux des actes de généreux dévouement, d'actions extraordinaires de bienfaisance, de générosité, de traits éclatans de piété filiale ou autres, afin de leur donner de la publicité; attirer sur leurs auteurs les regards satisfaits de la société; leur assurer les récompenses de l'État, du prince, ou le bienfait des fondations particulières (2).

Dons et legs aux communes.

22° N'accepter, au nom de la commune, aucuns dons ou legs testamentaires faits en sa faveur, sans que le magistrat communal n'y soit autorisé par une ordonnance royale inscrite au *Bulletin des lois* (3).

Asphyxies.

23° En cas d'asphyxies accidentelles d'un ou de plusieurs de leurs administrés, l'humanité prescrit à MM. les maires de présider par eux-mêmes à l'emploi des moyens à l'aide desquels on peut rappeler à la vie des hommes qui présentent les signes extérieurs de la mort. L'imprudence, une sorte de légèreté ou d'insouciance, l'oubli de l'expérience du passé, trop souvent perdue pour le présent, multi-

(1) Voir la loi abrogative, du 21 prairial an 5, sur la liberté du commerce des grains, art. 175 et 176 du Code pénal.

(2) Comme celle du généreux de Monthyon, d'honorable souvenir.

(3) Art. 910 et 937 du Code civil.

plient ces accidens fàcheux, dont les affligeans effets réclament toute la sollicitude et le généreux dévouement de l'autorité locale, toujours placée près de ces déplorables événemens (1).

24° Prévenir le recèlement et la vente d'objets volés dans la commune ou dans les lieux circonvoisins, en n'y laissant établir aucun fripier, brocanteur, revendeur, sans une déclaration préalable et sans permission du maire; les astreindre en outre à tenir un livret sur lequel ces marchands inscrivent jour par jour leurs achats, leurs ventes, le nom, le domicile, la profession des personnes de qui ils ont acheté et auxquelles ils ont vendu, car il leur est défendu de ne rien acheter des enfans, des domestiques et des inconnus (2). *Brocanteurs.*

25° N'intenter aucune action en justice sans une autorisation du conseil de préfecture. Si le maire n'a point observé cette formalité avant de plaider, il s'est rendu passible d'une condamnation aux frais, outre qu'il peut encourrir la peine de la destitution (3). *Procès communaux.*

26° Ce Magistrat préside à toutes les enchères publiques qui ont lieu pour location de maisons, usines communales, biens ruraux, places aux foires, droits d'octrois, de péage, de mesurage, jaugeage, *Baux communaux.*

(1) Il y a plusieurs natures d'asphyxie ou d'appoplexie, par l'eau, le vin, l'eau-de-vie, le froid, le chaud, le méphitisme, le charbon, etc. Consultez, à ce sujet, l'Instruction du docteur Portal, envoyée à tous les maires, et l'arrêté du 12 messidor an 4.

(2) Art. 3 de l'ordonnance de police du 8 novembre 1780.

(3) Lois du 29 vendémiaire an 5, et 28 pluviose an 8.

enfin à tout ce qui est susceptible d'un produit annuel et régulier, mais sur un cahier de charges, arrêté par le conseil municipal, comme nous l'avons déjà dit, et préalablement soumis à l'approbation du préfet par l'intermédiaire du sous-préfet; toutefois après publication et en présence du receveur communal, qui prélève les centimes additionnels affectés aux frais d'enchère, droits de fisc, etc., et dont l'excédant, s'il en existe, appartient à la caisse communale et y fait recette.

Adjudications de travaux communaux. Ce fonctionnaire préside également les adjudications aux rabais pour travaux communaux, fournitures aux hospices, éclairage des rues, entretien des horloges, pompes à feu, pour le taureau banal, le façonnage et l'entreprise des coupes, etc., toujours sous les mêmes clauses, conditions et approbation. Le maire est bien ici le tuteur de la commune, mais il est aussi le délégué de l'Etat, puisqu'il est en même temps chargé de veiller aux intérêts du Trésor et à ceux des tiers (1).

Individus sous la surveillance de la police. 27° MM. les maires ont sous leur vigilance et sous leur responsabilité les individus que les décisions des tribunaux ont placés sous la surveillance de la haute police, et les amnistiés ou grâciés que la loi y maintient pour un temps indéfini ou déterminé. Ils ne doivent point leur délivrer de passeport sans une autorisation du préfet, accordée sur

(1) Décret du 12 août 1807 (arrêté du 5 germinal an 9) sur les baux à longues années (arrêté du 20 messidor an 11) sur la réduction des baux, art. 1769 à 1773 du Code civil, et décret du 9 novembre 1805.

un exposé des motifs de déplacement, certifié par le maire lui-même, qui atteste, en outre, la bonne conduite des réclamans.

Si ces condamnés rompent leur ban, il doit en donner avis sur-le-champ à la gendarmerie du canton et à M. le procureur du roi.

Les maires ne doivent non plus délivrer de passe- *Passeports.* ports à des étrangers et à des personnes inconnues, si ce n'est sur l'attestation et sous la responsabilité de deux citoyens domiciliés et bien connus (1); ils sont tenus de rendre compte à l'autorité supérieure de tous ceux qu'ils délivrent.

28° Dans les cas d'appréhension de disette, MM. les *Appréhension* maires, des grandes communes surtout, doivent *de disette.* veiller attentivement à la police des marchés, pour qu'aucun cultivateur ou marchand ne soit attaqué, vexé, maltraité ou pillé, afin d'attirer la plus grande concurrence possible de vendeurs ; ils doivent aussi pourvoir aux approvisionnemens insuffisans, par toutes les voies que leur indiquera l'administration supérieure, toujours consultée en semblable occurence, mais faire en sorte de concilier les intérêts du commerce avec la position du consommateur (2).

29° Dans les actions judiciaires, les sommations *Actions judi-* ou citations, exploits à comparaître, sont donnés *ciaires, citations* aux établissemens publics en leurs bureaux, et, pour *et sommations.* la commune, elles le sont à la personne et au domicile du maire; l'original est visé par celui qui reçoit

(1) Décret du 17 juillet 1806 (bulletin 132) sur les forçats.
(2) Arrêté du 7 brumaire an 9, art. 145 de la loi du 28 germinal an 6 (bulletin 197).

copie de l'exploit; en cas de refus ou d'absence, ce visa est donné par le juge-de-paix du canton, ou par le procureur du roi, auquel cette copie est laissée (1).

30° Lorsqu'un huissier notifie une citation à personne ou à domicile, et qu'il trouve les portes fermées ainsi que celles des plus proches voisins, ou lorsqu'il y a un autre empêchement à la notification, il en laisse la copie au maire, ou à son adjoint, qui en vise l'original. Ce magistrat doit la faire remettre à la personne citée dans le plus bref délai, par son appariteur, sans quoi il l'exposerait à un jugement par défaut et deviendrait, par le fait de cette négligence (2), passible de dommages envers cette partie.

31° Le maire, lorsqu'il en est requis, ne peut refuser son assistance et doit prêter main forte, en vertu de la loi, à tous les agens du gouvernement qui en ont besoin pour autoriser ou légitimer leurs opérations : 1° à ceux de l'administration des forêts pour la recherche des bois coupés en délit (3); 2° aux préposés des douanes faisant la recherche et la saisie de marchandises prohibées (4); 3° aux employés des bureaux de garantie faisant la recherche de faux poinçons (5); 4° aux prépo-

(1) Art. 69 du Code de procédure civile.

(2) Art. 4 du même Code, 1382, 1383, 1384 du même Code civil (des quasi-délits).

(3) Art. 4 de la loi du 11 décembre 1789 (29 septembre 1791). Code forestier.

(4) Loi du 10 brumaire an 5.

(5) Lois des 21 brumaire au 5 et 9 brumaire an 6.

sés et vérificateurs de l'enregistrement faisant la vérification des répertoires des notaires, huissiers, greffiers et secrétaires de l'administration communale (1); 5° aux vérificateurs des poids et mesures dans leurs visites ou vérifications annuelles ; 6° aux préposés des contributions indirectes procédant à l'ouverture des caves, celliers et appartemens des particuliers pour constater la fraude des débitans de boissons et fabricans de bière (2). Le refus du maire, constaté par procès-verbal des préposés, pourrait entraîner contre lui la peine de la destitution, outre les dommages et intérêts ; 7° enfin aux percepteurs dans les recouvremens de l'impôt (3).

32° Il est une cause d'insalubrité sur laquelle MM. les maires doivent éveiller la sollicitude de l'administration supérieure, je veux parler des cimetières d'où s'exhalent des émanations dangereuses, il est donc important d'éloigner ces établissemens le plus loin que possible de l'habitation des citoyens, de leur donner une assez vaste étendue, en raison de la population, pour que les corps soient entièrement réduits en poussière avant d'en placer d'autres dans les mêmes fosses : des instructions récentes donnent aux maires, la latitude de faire faire des demandes par leurs conseils municipaux ; ils ont la certitude d'a-

Cimetières, salubrité.

_____

(1) Loi du 22 frimaire an 7, art. 42 (bulletin 143) et loi du 22 pluviose an 7, art. 8.

(2) Art. 83 de la loi du 16 ventose an 12.

(3) Arrêté du 16 thermidor an 8 (bulletin 38).

vance que ces demandes seront favorablement ac-cueillies (1).

Douanes.

33° A défaut de tribunal dans la commune (2), le maire peut constater, en matière de douanes, les retards qui ont empêché les signataires d'acquits à caution de faire arriver les marchandises dans les délais convenus.

Il doit soigneusement prévenir les préposés aux douanes des naufrages et bris de navires, afin d'as-surer la perception des droits du fisc.

A défaut de juges de commerce (3), les maires sont autorisés à régler les quantités de vivres néces-saires aux équipages et que l'on peut embarquer, sans paiement de droits.

Ils reçoivent aussi, en l'absence de juges, les rap-ports, l'affirmation des procès-verbaux des préposés aux douanes, et délivrent des certificats de bonne vie et mœurs aux personnes qui désirent entrer dans cette administration en qualité de préposés (4).

Ces magistrats mettent à la disposition des pré-posés des douanes les maisons et bâtimens néces-saires pour l'établissement de leurs bureaux, à la charge d'en payer le loyer après estimation (5).

Ils délivrent aux personnes domiciliées dans l'é-

(1) Réglement du 21 mai 1765, déclaration du 20 mars 1776, décret du 7 mars 1808.

(2) Art. 8, tit. 3, de loi du 22 août 1791.

(3) Art. 3, tit. 8 de la même loi.

(4) Même loi.

(5) Arrêté du 29 frimaire an 6 (bulletin 169) et 9 prairial suivant (bulletin 204).

tendue de deux lieues des frontières ou des côtes les certificats nécessaires pour y transporter des objets dont la sortie est prohibée et dont elles ont besoin pour leur consommation (1).

Il leur est prescrit de veiller à la sûreté des bureaux de douanes dans l'intérêt même des communes qu'ils représentent; car celles sur le territoire desquelles des attroupemens ou rassemblemens armés se seraient portés au pillage des bureaux et des dépôts de douanes, et auraient exercé quelques violences contre des propriétés nationales ou privées, seraient responsables de ces délits et des dommages et intérêts auxquels ils donneraient lieu (2). *Délits envers cette administration.*

Si, par suite de ces rassemblemens ou attroupemens, un individu préposé aux douanes, ou tout autre, domicilié ou non dans la commune ou son territoire, y avait été pillé, maltraité ou homicidé, tous les habitans seraient tenus solidairement de lui payer, ou, en cas de mort, à sa veuve et à ses enfans, des dommages et intérêts (3). *Attroupemens.* *Leurs effets.*

L'administration doit, pour sa propre responsabilité, pourvoir sans délai à la prompte application de ces graves dispositions (4).

---

(1) Loi du 19 vendémiaire an 5 (bulletin 152), arrêté du 25 messidor an 6 (bulletin 213).

(2) Art. 1er de l'arrêté du 28 nivose an 6 (bulletin, 174), extensif du tit. 4, art. 1er de la loi du 10 vendémiaire an 4, sur la police administrative.

(3) Même arrêté, conséquence de l'art. 6, tit. 4 de la même loi.

(4) Celle du 10 vendémiaire an 4, tit. 5. Voir aussi, sur toutes les dispositions de cette loi, celle du 9 floréal an 7 (bulletin 273).

8

34° La loi donne à MM. les maires la surveillance sur les déserteurs, les réfractaires, les
étrangers, les vagabons séjournant dans leurs communes.

Cette surveillance bien observée, aussitôt la révolution de juillet, par ces magistrats et par tous les
officiers de la police administrative et judiciaire,
dans les départemens de l'ouest de la France, eût
peut-être prévenu les malheurs et les calamités qui
les ont affligés et si violemment agités après cet
événement ; elle eût épargné bien du sang, des
larmes et de l'or à notre belle patrie, mais sans
doute le mal fut trop grand dès son origine pour
l'arrêter dans sa source , ce que tout bon Français
doit déplorer amèrement dans son cœur.

Contestations entre la régie et les débitans. 35° Dans le cas de contestation entre les employés des contributions indirectes et les débitans,
relativement à la déclaration du prix de vente, il en
est référé au maire de la commune, qui prononce
sur les différens, sauf le recours au préfet (1).

Enregistrement des actes de l'ad-ministration. 36° Les actes des administrations municipales doivent être soumis au droit de l'enregistrement dans
les vingt jours de leur passation ; après ce délai ils
encourront le paiement d'un double droit, que la
probité prescrit de laisser à la charge de l'auteur de
la négligence (2).

MM. les maires se rappelleront que toute omis-

(1) Art. 49 de la loi sur les finances du 28 avril 1816.
(2) Loi du 22 frimaire an 7, art. 20, tit. 3, articles 35 et 36 du
tit. 6.

sion commise dans la tenue de leur répertoire les rend passibles d'une amende de cinq francs, pour chacune d'elles. Ce répertoire doit contenir 1° le numéro d'ordre; 2° la date de l'acte; 3° sa nature; 4° les noms et prénoms des parties et leur domicile; 5° l'indication des biens, leur situation et le prix, lorsqu'il s'agit d'acte concernant la propriété, l'usufruit et la jouissance des biens-fonds; 6° enfin l'indication de l'enregistrement. Ce répertoire doit être présenté tous les trois mois au receveur de l'enregistrement de la résidence, à peine d'une amende de cinq francs (1), quel que soit le retard (2).

Amendes encourues.

37° Les dépositaires des registres de l'état civil, ceux des rôles des contributions foncières, et tous autres chargés des archives et dépôts de titres publics, par conséquent les maires, sont tenus de les représenter et de les communiquer, sans déplacement, aux préposés de la même administration, à toute réquisition et sans frais; de leur fournir les renseignemens, extraits et copies qui leur sont nécessaires pour les intérêts de l'Etat, à peine de dix francs d'amende, sur refus constaté par les procès-verbaux de ces préposés; ces communications ne sont pas exigibles les jours de repos, et les séances de chaque autre jour ne peuvent durer plus de quatre heures l'une (3).

Communication des titres de la commune aux agens de cette administration.

Les administrateurs des communes, ou leurs se-

Etat à leur fournir.

(1) Art. 49, § 4, art. 50, 51 et 52 de la loi du 22 frimaire an 7.

(2) Loi du 26 juin 1824, qui modifie celle du 22 frimaire an 7, sur l'amende.

(3) Loi du 22 frimaire an 7, art. 54 et § 4.

8*

crétaires, sont tenus de fournir tous les trois mois, au receveur de l'enregistrement de leur canton, les relevés, signés d'eux, des actes de décès sur papier non timbré, sous peine d'une amende de cinq fr. (1).

Protection due aux préposés en général.

L'administration de la police civile et celle de l'administration judiciaire ne doivent pas seulement accorder force et protection aux diverses administrations; agissant dans l'intérêt du Trésor et des communes, elles doivent aussi, dans tout ce qui les concerne, coopérer à leur marche prompte, active, régulière, afin d'assurer les besoins des divers services publics et de donner à l'action du gouvernement l'ensemble et l'harmonie qui coordonnent toutes les parties entre elles et n'en font qu'un tout indivisible.

Faux monnayeurs.

38° Messieurs, il est une sorte de crime dont la recherche doit fixer les regards et l'attention de la société entière, et surtout éveiller la vigilance des magistrats, car les auteurs de ce crime se cachent à l'ombre et souvent dans de hideux souterrains dont la voute épaisse couvre leur fabrication clandestine; ils altèrent le crédit national et sèment la défiance et l'inquiétude au sein de la société.

Je n'ai plus besoin de vous dire, Messieurs, que je parle des faux monnayeurs et des contrefacteurs de billets de banque et effets de commerce ou émanés du Trésor.

Le Code des délits et des peines (2) autorisait les

(1) Loi du 22 frimaire an 7, art. 55.
(2) Art. 542, 543 et 544 du Code du 3 brumaire an 4.

maires à suivre, même hors de leur ressort, une opération commencée dans leur arrondissement communal, mais en se conformant strictement à la loi (1).

Ces magistrats requéraient deux citoyens domiciliés dans le canton; ils s'en faisaient assister, et en leur présence ils procédaient à l'ouverture des portes et faisaient la perquisition nécessaire chez les personnes suspectes de fabrication ou de distribution de fausses monnaies.

Ces recherches n'étaient faites que sur des dénonciations revêtues des formes et du caractère exigés par la loi, ou sur des renseignemens pris d'office et en vertu d'une ordonnance donnée par l'officier de police lui-même, indiquant les personnes chez qui cette visite devait se faire (2).

Le Code d'instruction criminelle ne prescrit aucune procédure spéciale pour la poursuite du crime de fausse monnaie; elle a lieu, sans doute, comme pour le flagrant (3). Cependant ceux qui ont mis en circulation des pièces fausses peuvent être arrêtés sur-le-champ et mis à la disposition du procureur du roi, qui procède alors aux recherches nécessaires pour découvrir le fabricateur (4).

Nos lois ont puni ce crime avec une excessive rigueur, et, pour quelques pièces d'or ou d'argent, par fois d'une très faible valeur, jetées dans l'immense

(1) Code du 3 brumaire an 4.
(2) Art. 545 du même Code.
(3) Code d'instruction criminelle, de l'art. 29 à l'art. 54.
(4) Code du 3 brumaire an 4, et d'instruction criminelle.

quantité de celles en circulation , le sang humain coulait sur l'échafaud. C'était , il en faut convenir, un outrage fait à la nature. Les législateurs n'avaient point vu le crime dans son essence , mais dans ses redoutables effets , et vengeaient d'une manière sanglante l'atteinte portée au crédit et à la confiance publiques. Sans nous permettre , Messieurs, de déverser le blâme sur cette importante question de la législation criminelle, formons des vœux pour que le zèle , l'activité, la vigilance de l'autorité municipale et de tous les officiers et agens de la police, préviennent un crime devenu beaucoup plus rare aujourd'hui ; que nos échafauds ne ruissèlent plus du sang des faux monnayeurs ; la prompte saisie de toutes les pièces et billets argués de faux rendra impuissans les essais des faussaires.

Eaux minérales.

39° MM. les maires ont aussi la police et l'administration des eaux minérales situées dans leur arrondissement, sous l'autorité des sous-préfets et préfets (1), indépendamment de la police exacte qu'ils doivent y exercer dans l'intérêt du bon ordre, pour que les étrangers et les malades, qui viennent y chercher une agréable ou salutaire dissipation, n'y soient aucunement troublés. Il est dans les mœurs françaises, et dans l'utilité communale, que ces magistrats y fassent régner les charmes d'une prévenante hospitalité, surtout la régularité, la décence, les

Leurs bains.

(1) Arrêté du 29 floréal an 7 (bulletin 283), explicatif de celui du 23 vendémiaire an 6. Autres arrêtés du 3 floréal an 8 et du 6 nivose an 11 (bulletin 22 et 239) art. 3, 4 et 9.

égards dans la distribution et l'usage des bains ; une propreté soigneuse, des promenades aérées, embellies autant par l'art que par la nature, enfin l'attrait d'une douce liberté conforme à la situation des personnes qui viennent y réparer des forces épuisées par les maladies, y reprendre l'usage de membres affectés ou perclus par suite d'accidens fâcheux, ou s'y reposer des fatigues de l'esprit.

Les baux à ferme des eaux minérales, bains, établissemens en dépendant, lorsqu'ils sont propriétés communales, sont adjugés par le sous-préfet, en présence du maire et sur le cahier des charges dressé d'après l'avis du conseil municipal.

En cas de contestation sur la propriété des eaux minérales entre l'Etat et la commune, l'affaire est portée devant le conseil de préfecture, qui prononce après avoir entendu le directeur des domaines, sauf la confirmation du gouvernement.

40° Messieurs, la nécessité du recouvrement de l'impôt oblige souvent les préposés des contributions directes à invoquer le secours de la force armée ; dans ce cas de rigueur cette force n'est point offensive, elle se déploie par l'envoi de garnisaires isolés au domicile des habitans. Le soldat français, si vaillant à la brèche, si dévoué dans les travaux d'un siége, si ferme sur un champ de bataille, donnera encore ici l'exemple admirable d'une discipline exacte, à laquelle aucune punition avilissante ou corporelle ne le force ; néanmoins, hors des regards de ses chefs, il pourrait quelquefois s'oublier et exiger

Garnisaires.

d'un contribuable au-delà des taxations en nature ordonnées par la loi : et quel est ce contribuable ? un citoyen bien à plaindre sans doute, puisqu'il ne peut payer son impôt qu'après l'accroissement d'une charge nouvelle ; il est donc d'un impérieux devoir, pour MM. les maires, de suppléer à l'absence de l'autorité militaire et de garantir leurs administrés de tout acte de violence ou d'exigences déplacées (1).

Porteurs de contrainte.

Mais avant l'emploi des garnisaires, les porteurs de contrainte exercent dans l'intérêt du Trésor.

A l'arrivée de ces agens dans une commune, ils se présentent devant le maire et requièrent la publication de leur contrainte ; puis ils distribuent à chacun des redevables un avertissement sur papier non timbré ; le percepteur, sur l'avis du maire, leur indique le domicile et les facultés reconnues des contribuables ; à défaut de satisfaire au paiement dans le délai fixé par l'avertissement, le même agent revient dans la commune et va séjourner chez les retardataires, en commençant par les plus aisés, mais il ne peut séjourner plus de dix jours dans la même commune, et plus de deux chez un redevable.

Le maire lui doit secours et protection dans l'exécution de son mandat, mais il doit veiller à ce que ce préposé ne reçoive pour ou par lui-même, aucune somme des contribuables ou du percepteur ; c'est des mains du receveur particulier et sur bulletin taxé qu'il touche son salaire.

(1) Art. 3 de la loi du 17 brumaire an 5 (bulletin 87).

Ce préposé ne peut se permettre aucun acte violent ou vexatoire envers son hôte dont il partage la nourriture (1).

Messieurs, le législateur applique la peine ou aggrave les charges par une dure nécessité; il ne faut donc pas excéder les limites rigoureuses de la loi dans son exécution : c'est un principe que l'on ne doit méconnaître dans l'application d'aucune pénalité.

41° MM. les maires ont aussi le droit de surveiller la conduite de la gendarmerie, placée dans leur canton pour y protéger la sûreté publique. Ils certifient sur les livrets, ou feuilles des gendarmes, les tournées extraordinaires qu'ils font pour leur obtenir le paiement de leurs frais. Gendarmerie.

Ils certifient de même leurs tournées ordinaires et préviennent les sous-préfets lorsqu'ils négligent de les faire.

Les autres rapports de la gendarmerie avec les autorités civiles ou judiciaires chargées de concourir, avec elle, au maintien (2) de la police, sont exposés dans la loi du 28 germinal an 6.

La présence de la force armée inspire toujours une crainte salutaire aux malveillans; l'homme de bien ne doit voir en elle qu'une garantie de paix et de sécurité; renfermé dans le cercle in-

(1) Paragraphe 2 de l'arrêté du 16 thermidor an 8 pour l'exécution des lois du 1er décembre 1790, 2 octobre 1791, 17 brumaire an 5 et 3 frimaire an 7.

(2) Loi du 28 germinal an 6 (bulletin 1797), tit. 9, § 1er, 2, 3 et 4, tit. 10 et 17, et Code du 3 brumaire an 4, art. 547, 549 et 550.

violable de la légalité, il ne doit compte de ses actions qu'à sa conscience, à sa famille, à la société,
car il a satisfait aux obligations de la loi. Cependant
l'honnête homme peut tomber, par erreur ou par
ignorance, dans une contravention ou un délit, et
sans qu'il ait eu la pensée d'en commettre; dans ce
cas il faut l'éclairer, reconnaître s'il y a eu intention
de fait; si ce fait a causé un dommage quelconque,
ne donner à cette action, sur laquelle les tribunaux
peuvent être appelés à prononcer, que sa véritable
importance, car toute exagération est coupable; il
faut surtout ménager une susceptibilité ombrageuse
chez le simple habitant des campagnes ou chez l'ar-
tisan de nos villes, que l'éducation n'a point policés;
enfin, ne pas aggraver une légère faute par des
actes de brutalité qui irritent le contrevenant, le conduire, s'il le requiert, devant un magistrat, chez
son maire surtout, son protecteur né, pour qu'il
apprenne d'une bouche d'où ne doivent sortir
que des paroles de bonté, qu'effectivement, il a
commis un délit. Le législateur l'a dit, Messieurs,
et nous avons rapporté ses paroles (1) : la police
doit couvrir celui même qu'elle atteint, elle ne
doit pas être tracassière, encore moins despotique,
elle doit surtout ne s'exercer, sous l'armure d'un
brave, que par des formes aussi franches, aussi généreuses que légales, ce que nous n'avons pas toujours vu.
Ne serait-ce pas aussi la cause, injuste sans doute
(car quelques faits isolés ne doivent être jugés que
dans leur isolement) d'une prévention pénible contre

(1) Page 53.

un corps respectable, surtout, lorsque ceux qui le composent, n'abusent pas dans leurs relations sociales de la confiance que leur témoigne l'homme sans défiance et ne font pas servir de sujet à une délation politique l'épanchement d'un cœur que la raison ne contient pas toujours dans les limites d'une prudente retenue?

La loi défend toutes les rigueurs employées dans les arrestations, détentions ou exécutions, autres que celles qu'elle indique; elle regarde comme des crimes tout mauvais traitement, outrages ou violences, hors le cas de rebellion, cas qui place l'agent de la force armée dans celui d'une légitime défense (1).

Vous le voyez, Messieurs, la loi couvre de son égide tutélaire jusqu'au criminel qu'elle va frapper de son glaive terrible : c'est qu'aux yeux des législateurs éclairés, la nature ne perd jamais ses droits, surtout ceux que la compassion et le malheur réclament.

42° Le malheur, Messieurs, hélas, se reproduit sous mille formes! dans les villes par les épidémies, la disette, le feu, la rigueur des saisons; dans les campagnes, par les années de stérilité, les inondations, la grèle, la gelée, la multiplicité des mulots, des sauterelles. Lorsque ces fléaux portent leur ravage dans les champs, sur tout ou partie des récoltes, ou lorsqu'ils frappent, dans les villes et dans les villages sur des propriétés bâties, MM. les maires doi- *Calamités publiques par causes accidentelles.*

(1) Titre 10, art. 170 de la loi du 28 germinal an 6 (bulletin 197).

vent en donner aussitôt avis à M. le sous-préfet qui

Leur consta-
tation.

fait de suite constater le dégât, en fait dresser procès-verbal, qu'il envoie à la préfecture et sur lequel
s'établit l'état général des pertes, état destiné à faire
obtenir, pour le département, des remises, modé-
rations et secours, dont la répartition est faite ensuite entre les victimes des calamités (1).

Chemins de
hallage.

42° L'administration communale a la surveillance
sur les chemins de hallage établis le long et sur les
bords des rivières navigables; le maire doit empêcher
dans sa banlieue toutes les entreprises tendant à
intercepter les chemins.

Les réglemens sur la navigation prescrivent aux
propriétaires riverains de laisser le long des bords
de la rivière huit mètres (24 pieds) pour le trait des
chevaux, et sur les ruisseaux flottables à bûches per-
dues, un mètre trente centimètres (4 pieds) pour le
passage des employés à la conduite des flots.

En cas de contravention, les arbres plantés sont
arrachés, les fossés comblés, les ouvrages détruits
et les localités réparées aux frais des contrevenans,
sans préjudice des dommages et intérêts pour les
pertes occasionées par les entreprises (2). C'est sans
doute une dérogation au droit commun sur la propriété, mais elle lui est imposée par un grand motif
d'intérêt général.

Logemens mi-
litaires.

43° MM. les maires sont aussi chargés de pour-

_____

(1) Lois du 26 septembre, 2 octobre 1791, art. 37 et suivant. Lois
des 20 et 27 février 1793 et 19 vendémiaire an 6.

(2) Arrêté du Directoire exécutif du 13 nivose an 5.

voir au logement des troupes en passage ou en séjour dans leur commune, en l'absence de caserne-
ment.

Dans l'établissement du logement chez l'habitant,
ils ne sauraient montrer trop d'impartialité et ne
faire aucune distinction de personnes, quels que
soient leurs qualités ou leurs professions.

La loi établit des exceptions en faveur des dépositaires de caisses pour le service public. Ils ne sont
point tenus de loger dans les maisons où sont leurs
caisses, mais ils y suppléent en fournissant des logemens en nature chez d'autres habitans avec lesquels
ils prennent des arrangemens particuliers.

La même exception a lieu en faveur des veuves et
des filles et sous des conditions semblables.

MM. les maires sentent bien que la charge du logement ne doit pas toujours peser sur les mêmes citoyens et qu'il est convenable que chacun d'eux y
soit soumis à son tour ; tout acte de préférence serait
révoltant, et comme je parle à des hommes d'honneur, je sens l'inutilité d'appuyer davantage sur
cette observation faite en passant.

Les dispositions de nos lois sur ce sujet sont fort
étendues; je ne les rapporterai point ici, ce n'est
pas le but de mon ouvrage; je me bornerai seulement à dire que, si ces fonctionnaires doivent protéger leurs administrés contre tout acte de brutalité,
de violence ou d'exigences contraires aux prestations
en nature dues au militaires, de la part de ceux, en
petit nombre sans doute, qui oublieraient leur devoir, il importe à MM. les maires de recommander

à leurs concitoyens d'accueillir nos braves avec les égards qui leur sont dûs, de voir en eux les défenseurs de la patrie, et de leur prodiguer les soins et les attentions que méritent de jeunes guerriers fatigués du poids de leurs armes et d'une marche souvent pénible par l'intempérie des saisons (1).

Usines sur les cours d'eau. 44° L'établissement des manufactures et des usines sur les cours d'eau étant un des plus grands moyens d'exciter et de propager l'industrie nationale, et de donner un débit avantageux à nos produits agricoles, l'autorité administrative doit, autant qu'il est en son pouvoir, les favoriser et en étendre le nombre; par conséquent faire parvenir dans les plus courts délais possibles au gouvernement les renseignemens et les instructions dont il a besoin pour accorder à ces usines une prompte autorisation et une protection plus immédiate. Il est surtout du devoir de MM. les maires de seconder de tous leurs efforts les mesures locales propres à en assurer la prospérité et y faire régner la décence, les mœurs et la salubrité dans l'intérêt de la santé des ouvriers; considérations graves et philantropiques (2).

Patentes. 45° Les chances du petit commerce et de la petite industrie patentables deviennent de jour en jour moins lucratives par la concurrence et le grand nombre d'établissemens libéraux qui se forment journellement souvent par des jeunes gens à peine entrés

---

(1) Lois des 7 avril 1791 et du 20 mai 1792.
(2) Loi du 23 germinal an 12 (bulletin 270).

dans le compagnonage des arts et métiers. L'abolition des maîtrises et jurandes (1) était réclamée comme un bienfait; elle en fut un effectivement. Les maîtrises étaient un privilége et un privilége contraire aux libertés du commerce, une entrave aux progrès des arts libéraux; mais cette abolition dut faire naître un abus dans la facilité illimitée de les exercer sans être préalablement soumis à un examen sur les connaissances acquises. Cependant par respect pour la liberté de professer tous les arts et métiers, la patente est devenue la seule condition qui a été imposée aux entreprises commerciales. Ce sont encore MM. les maires qui sont chargés de dresser le tableau des patentables; ils y joignent leurs observations et en conservent un double que leurs administrés ont la faculté de consulter (2).

Ces magistrats délivrent un certificat aux débitans dans les arts libéraux ou dans le commerce après le premier trimestre, pour qu'ils ne soient contraints à payer qu'au prorata du temps utilisé (3).

Ils doivent bien s'assurer si toutes les personnes assujetties à la patente en sont munies, et, pour s'en convaincre, ils en exigent la représentation et constatent les contraventions.

Ils délivrent des certificats d'insolvabilité ou d'indigence à ceux, en fort petit nombre sans doute, qui sont dans l'impossibilité d'acquitter la patente,

Patentables indigens.

(1) Loi du 1er brumaire an 7 (bulletin 24).
(2) Arrêté du 15 fructidor an 8 (bulletin 41).
(3) Loi du 1er brumaire an 7, art. 1er et 2.

et ces certificats sont envoyés, par les ayant-cause, au sous-préfet de l'arrondissement chargé de statuer sur les réclamations formées par les citoyens compris au rôle des patentes (1).

Places de guerre. 46° Lorsque les places de guerre et postes militaires sont sur le pied de paix, la police intérieure et tous les actes du pouvoir civil n'émanent que des magistrats et autres officiers civils préposés au maintien des lois; l'autorité des agens militaires est bornée à ce qui concerne spécialement le commandement et l'entretien des troupes.

Lorsque ces places ou postes sont en état de guerre, les officiers civils ne cessent pas d'être chargés de l'ordre et de la police intérieure, mais ils peuvent être requis par le commandant militaire de se prêter aux mesures d'ordre et de police qui intéressent la sûreté de la place. Pour assurer l'exécution de ces mesures, les délibérations du conseil de guerre, concernant les réquisitions du commandant militaire, sont remises et restent entre les mains de l'administration municipale.

En état de siége. Dans les places de guerre et postes militaires en état de siége, toute l'autorité dont les officiers civils sont revêtus pour le maintien de l'ordre et de la police intérieure passe au commandant militaire, qui l'exerce exclusivement sous sa responsabilité personnelle.

L'autorité civile ne peut en aucune manière disposer des terrains de ces places ou postes, tels que

(1) Arrêté du 24 floréal an 8, art. 6.

remparts, parapets, fossés, chemins couverts, es-
planades, glacis, ouvrages avancés, terrains vides,
canaux et autres dépendances des fortifications, et de
tous autres objets faisant partie des moyens défen-
sifs des frontières, comme lignes, redoutes, batte-
ries, retranchemens, digues, écluses, canaux et leurs
francs-bords, qui tous sont déclarés propriétés nationales et sont placés dans les attributions du département de la guerre. En conséquence il est défendu
à l'autorité administrative de s'immiscer, en aucun
cas, dans leur manutention, sans la participation du
ministre chargé de ce département, et uniquement
de la manière qui leur est prescrite.

Mais l'officier général, commandant dans chaque
arrondissement en état de défense, est tenu de se
concerter avec l'autorité civile à l'effet de procurer
l'exécution de toutes les précautions propres à assurer la tranquillité publique, l'exécution des lois et
obtempérer à sa réquisition.

Nul officier ne peut prendre ou quitter le commandement des troupes dans une place qu'après
l'avoir notifié au maire.

Dans tous les objets qui ne concernent que le
service purement militaire, comme la défense de la
place et la conservation des établissemens dépendans de la guerre, tels qu'hôpitaux, arsenaux, etc.,
l'autorité militaire est absolument indépendante du
pouvoir civil; mais dans les circonstances qui intéressent la police, l'ordre, la tranquillité intérieure
des places et où la participation des troupes est ju-
gée nécessaire, le commandant militaire n'agit que

d'après la réquisition écrite de l'autorité civile, et, autant que possible, après s'être concerté avec elle.

Les gardes nationales servant dans une même place avec les troupes de ligne prennent rang avant elles; cette troupe citoyenne ne peut être réunie sans qu'il en soit donné préalablement avis au commandant d'armes (1).

Poudres et salpêtres.

47° Puisque nous parlons des places de guerre, c'est le cas de dire quelque chose des poudres et salpêtres : nous rappellerons donc ici, Messieurs, que l'introduction des poudres étrangères (2) en France est expressément défendue sous peine de confiscation de la marchandise, des chevaux et voitures qui en seraient chargées, indépendamment des amendes fixées pour la contravention.

La fabrication et la vente des poudres est interdite à tous les citoyens autres que ceux qui y sont légalement autorisés.

En cas de violation de ces dispositions, les préposés de l'administration des poudres requièrent le maire du lieu de prendre les moyens nécessaires pour constater les délits.

Ce magistrat est tenu de déférer à cette réquisition; en conséquence, il procède à une visite dans la maison désignée, si toutefois les circonstances du fait l'exigent ; cette visite ne peut s'exécuter qu'en plein jour et seulement pour l'objet énoncé.

(1) Voir la loi du 10 juillet 1791, tit. 1er, art. 5, 6, 7, 10, tit. 3, art. 9, 10, 14, 16, 17, 20, 32, 35, 37.
(2) Les poudres.

Dans ce cas, le maire et son adjoint se font ac·
compagner de deux citoyens du voisinage, et, dans
celui de conviction, l'affaire est renvoyée devant
les tribunaux.

Aucun citoyen ne peut vendre de la poudre sans
y être spécialement autorisé, et celui qui a obtenu
cette autorisation n'en peut débiter de contrebande
sans s'exposer aux pénalités prononcées par nos
lois. A combien de dangers publics et particuliers ne
serions-nous pas journellement exposés, si la police
ne surveillait cette branche de débit avec une extrême vigilance (1)?

48° Dans les rapports qui existent ou doivent
existent entre le maire d'une commune et le curé qui
la dessert, ces messieurs, pour le repos public, sont
intéressés à se renfermer scrupuleusement dans
leurs diverses attributions, sans prétendre empié-
ter sur les droits l'un de l'autre. Le maire est chargé : 1° de l'exécution des lois; 2° de l'administration
de la commune; 3° du maintien de l'ordre et de la
paix publique; voilà la limite de ses devoirs, limite
très étendue. La mission du prêtre se rattache exclusivement au spirituel, aux choses de la religion;
il commande à l'église, fixe les heures des offices et règle les cérémonies du culte dans l'intérieur de l'église,
le maire n'est qu'un simple fidèle, assistant comme

Rapports du maire avec le curé.

---

(1) Loi du 13 fructidor an 5 (bulletin 141), art. 21, 22, 24, 25, 26
et 28. Voir aussi l'ordonnance du 4 avril 1686, les arrêts du conseil
du 4 janvier 1689, du 23 août 1701, et du 7 mai 1709 ; l'arrêté
du 25 fructidor an 5 (bulletin 312), sur la fabrication de la poudre,
l'emploi et l'extradition du bois de bourdaine.

les autres citoyens aux cérémonies religieuses.

Hors de l'église, le curé n'est qu'un simple administré, soumis aux lois, ayant droit à la protection commune, aux égards attachés au caractère respectable dont il est revêtu, à la vénération de tous les fidèles, lorsqu'en digne pasteur il la mérite par ses douces vertus, par l'exercice des bonnes œuvres, la bienfaisante mansuétude dont il leur doit l'exemple. Ainsi, que l'administrateur et l'ecclésiastique se pénètrent bien, tous deux, des obligations qui leur sont imposées ; ils vivront ensemble dans une bonne harmonie, qu'ils feront coïncider avec leurs goûts, leurs sympathies, leurs habitudes ; et de leur intimité particulière ou de leur bonne intelligence administrative et de leurs procédés mutuels, naîtra la paix de la commune ; le droit de chacun étant respecté, tout le monde y trouvera son profit.

Nous avons parlé précédemment de la protection due à l'exercice des cultes reconnus et à leurs ministres (1) ; nous dirons ici que si l'un d'eux, méconnoissant ou oubliant la leçon du Seigneur, les conciliantes maximes de l'évangile, se permettait de prononcer en chaire un sermon contenant la censure du gouvernement, celle d'une loi, d'une ordonnance ou de tout autre acte de l'autorité publique, et s'il allait jusqu'à conseiller la désobéissance aux lois, l'imprudent ministre se rendrait passible des pénalités prononcées par le Code pé-

(1) Art. 5 de la Charte, articles 261, 262, 263 du Code pénal.

nal, ou les autres lois en vigueur (1). C'est un cas
rare, sans doute, que nous signalons ici, et dont
nous ne devons pas présumer la possibilité ni l'attendre de la sagesse des ministres d'un Dieu de paix
et de vérité. Le maire, en sa qualité d'officier de
police judiciaire, doit porter ce délit, si toutefois
il se commettait, à la connaissance des tribunaux.

49° Ce magistrat a la connaissance de tout ce qui   Sépultures.
se rattache aux sépultures et aux inhumations (2); il
ne souffre pas qu'il s'en fasse aucune dans les églises,
hôpitaux, chapelles, ou autres édifices clos et fer-
més où se réunissent les citoyens pour la célébration du culte (3).

Il empêche qu'il ne s'en fasse aucune avec précipitation, et sans que les formalités prescrites
par la loi aient été fidèlement exécutées. Il lui
est donc formellement ordonné de ne pas souffrir le transport, la présentation et le dépôt à l'é-
glise, et que MM. les curés et desservans n'aillent
point faire la levée du corps, ni l'accompagner hors
des églises, sans que l'on ait justifié de l'autorisation donnée par l'officier de l'état civil pour l'inhumation (4).

Si, pour des motifs ou des scrupules religieux,
domaine de la conscience, un ministre du culte
refuse à un mort les cérémonies du culte, le maire,

(1) Articles 201, 202 du Code pénal.
(2) Décret du 23 prairial an 12, art. 15 et 16.
(3) Même décret, art. 1er.
(4) Code civil, art. 77, décret du 4 thermidor an 13.

sans déroger à son autorité, peut commettre un autre ecclésiastique pour célébrer l'office funèbre, faculté qui ne peut s'exercer que dans les lieux où il y a plusieurs prêtres de la même religion.

En l'absence de prêtre, le maire (1) procède par lui-même ou par son adjoint à l'inhumation du corps. Doit-il le présenter, l'introduire de volonté ou de force à l'église, en faire ouvrir les portes de son autorité, motivée sur ce que l'église est une propriété communale? La question est restée insoluble, au milieu des opinions divergentes à ce sujet. Quelle qu'en soit l'interprétation, un magistrat prudent consulte la raison, et trouve dans sa sagesse les moyens d'éviter le scandale et le trouble ; conduite qu'il concilie avec la sévérité de ses devoirs (2).

5o° Nous allons nous occuper maintenant, Messieurs, d'un sujet tout différent, mais dont les détails infinis concernent successivement toutes les familles, le recrutement de l'armée ; nous ne rapporterons cependant que ceux de ces détails que nous croirons les plus indispensables et qui se rattachent aux fonctions qui font le sujet de notre entretien.

Recrutement de l'armée. Les Français sont seuls admissibles dans les troupes françaises; ainsi, tout individu inscrit sur le tableau de recensement de sa commune et qui jus-

(1) Art. 19 du décret du 23 prairial an 12.
(2) Il paraît plus sage de porter une plainte à l'évêque, ou au ministre du culte, ou, s'il y a lieu, au Conseil-d'État. (Loi organique du concordat du 18 germinal an 10, art. 6.

tifie être étranger n'est pas soumis aux obligations de cette loi. C'est à ses enfans que la patrie confie le soin de la défendre; elle adopte comme tel le fils d'un étranger né en France, lorsqu'il a été admis à jouir du bénéfice de l'art. 9 du Code civil (1); dans ce cas le maire l'inscrit sur le tableau de recensement de la classe qui sera appelée dans l'année de son admission. La loi n'exclut pas entièrement des rangs de l'armée les vagabonds ou gens sans aveu, déclarés tels par jugement; ce sont des enfans égarés, peut-être par le besoin ou la misère, ou par la première empreinte des passions, qu'une discipline sévère, une surveillance de tous les instans et les besoins satisfaits peuvent ramener dans les voies de la bonne conduite et de l'honneur.

Elle donne l'exclusion aux condannés à une peine afflictive ou infamante, ou correctionnellement à deux ans d'emprisonnement, placés sous la surveillance de la haute police, ou interdits des droits civiques ou de famille (2); ces derniers sont cependant inscrits par le maire sur le tableau de recensement, parce que le conseil de révision a seul le pouvoir de prononcer l'exclusion : ils participent donc aux opérations du tirage (3).

La loi annuelle du contingent indiquera toujours à l'avenir le mode de la répartition qui sera faite entre les cantons; ainsi MM. les maires devront

Contingent annuel.

(1) Loi du 21 mars 1832 sur le recrutement de l'armée.
(2) Même loi.
(3) Art. 2 de la même loi.

soumettre, chaque année, à leur sous-préfet, les réclamations qu'ils auraient à faire sur le système suivi dans la répartition du contingent auquel leur commune aura concourru, afin d'amener pour l'année suivante les rectifications qu'il serait convenable d'adopter; faciliter par là les améliorations et arriver à une répartition tout-à-fait en harmonie avec la situation de la population de la commune, car telle a été l'intention du législateur (1).

Qui concourt au tirage. Le tirage de ce contingent se fait entre les jeunes Français qui ont atteint, dans l'année précédente, leur vingtième année (2); cette justification de l'âge se fait toujours avant le tirage au sort, et aucune réclamation ne sera admise postérieurement à cette opération, puisque le vœu de la loi est que les jeunes gens suivent toujours la chance du numéro qu'ils ont obtenu; ainsi tout Français qui, d'après la notoriété publique, aura été considéré comme ayant atteint l'âge révolu et qui aura tiré au sort, sera, quel que soit réellement son âge, ou définitivement soumis aux obligations que la loi impose, ou entièrement dégagé de ces mêmes obligations (3). MM. les *Déclarations.* maires sont donc tenus de dresser les tableaux de recensement sur la déclaration à laquelle sont contraints les jeunes gens, leurs parens ou tuteurs, car si les uns et les autres négligeaient de se conformer

(1) Deux articles, 45 et 46 de la loi du 21 mars 1832.
(2) Loi du 10 mars 1818, aussi sur le recrutement.
(3) Art. 7 de la loi du 21 mars 1832.

à cette disposition, ils encouraient les pénalités de la loi (1).

Dans l'omission de cette déclaration, et indépendamment, les maires doivent inscrire d'office, comme il est dit plus haut, sur ces tableaux, d'après les registres de l'état civil et sur tous autres documens ou renseignemens, les jeunes gens de leur commune qui auront atteint l'âge de vingt ans révolus, présens ou absens sans aucune exception, par ordre alphabétique du nom des familles et par les premières lettres de l'alphabet; une erreur, dans cet ordre, pourrait entraîner quelques inconvéniens, car l'opération du tirage est définitive et ne peut être recommencée (2).

MM. les maires recevant annuellement des tableaux imprimés de recensement, je ne parlerai point ici de leur division par colonne; je leur rappellerai seulement que, lorsqu'un jeune homme sera absent au moment du tirage, on indiquera, s'il est possible, le nom, la qualité ou la profession, la demeure, le nom et le numéro de la rue de la personne chez laquelle il réside; s'il est militaire, l'arme dans laquelle il sert et le numéro du régiment.

Il est d'une grave importance que le nom de famille des jeunes gens soit exactement écrit sur le tableau de recensement, comme il l'est sur le registre

(1) Art. 8 et 38 de la loi du 21 mars 1833.
(2) Art. 8 et 12 de la même loi.

de l'état civil, et que les prénoms y soient rapportés dans leur ordre d'inscription; l'omission d'une lettre dans le nom ou l'intervertissement des prénoms peut amener la nécessité d'actes de notoriété pour en opérer la rectification (1).

Tableaux de recensement. Leur publication.

MM. les maires ne doivent pas négliger la publication des tableaux et indiquer avec précision le lieu, le jour et l'heure où il sera procédé à leur examen (2).

En cas d'omission, les jeunes gens omis seront inscrits sur le tableau de l'année qui suivra celle où l'omission aura été commise ou découverte; cependant ceux qui, dans ce cas, auraient accompli leur trentième année ne seront plus soumis aux obligations de la loi, mais ils seront également inscrits au tableau de recencement de leur commune pour qu'ils aient à justifier de leur âge (3).

Leur vérification.

La vérification de ce tableau se fait au chef-lieu de canton, en séance publique, devant le sous-préfet, assisté de tous les maires; dans les communes qui forment un seul ou plusieurs cantons, ce magistrat est assisté du maire et de ses adjoints (4).

Le sort fixe l'ordre dans lequel les communes sont appelées; cette opération suit immédiatement la vérification des tableaux et précède le tirage des jeunes gens (5).

(1) Art. 8 de la loi du 21 mars 1832.
(2) Loi du 10 mars 1818.
(3) Art. 5 de la loi du 21 mars 1832.
(4) Art. 10 de la même loi.
(5) Même loi.

M. le sous-préfet, en présence des maires, fait inscrire sur des carrés de papier de même dimension le nom des communes composant le canton, il en donne lecture à haute voix, puis les roule, les jette, les mêle dans l'urne et les fait écrire sur une liste préparée, à mesure de leur sortie. Cette liste règle l'ordre d'appel des communes.

Tirage des communes.

Ce magistrat procède ensuite au tirage des jeunes gens, en commençant par ceux qui, par omission volontaire, ont été placés en tête des listes du tirage, et qui subissent, par conséquent, le sort des premiers numéros sortans, puis les numéros inscrits sous les yeux du sous-préfet, comptés en nombre égal à celui des jeunes gens appelés à tirer au sort, sont placés dans l'urne au fur et à mesure du tirage. Chacun des maires inscrit sur l'expédition du tableau resté entre ses mains les numéros échus aux jeunes gens de sa commune (1).

Des jeunes gens.

Cette opération ne peut être recommencée sous aucun prétexte quelconque soit qu'il y ait réclamation de la part des jeunes gens qui, par suite d'erreur, auraient pris un numéro avant leur tour d'appel, soit que le nombre de jeunes gens se trouve supérieur à celui des numéros; dans ce dernier cas ceux d'entre eux qui n'auraient pas eu de numéros seraient renvoyés à la classe suivante (2).

Les exemptions qui donnent une dispense absolue du service militaire sont: 1° ceux des jeunes gens qui

Exemptions et dispenses absolues.

(1) Art. 10, 11 et 12 de la loi du 21 mars 1832.
(2) Suite de l'art. 12 de la même loi.

n'ont pas le *minimum* de la taille (1); 2° ceux que leurs infirmités rendent impropres au service militaire (2); 3° l'aîné d'orphelins de père et de mère; 4° le fils ou petit-fils unique d'un vieillard qui est entré à l'époque du tirage dans sa soixante-dixième année; 5° l'aîné des fils ou petits-fils d'un père aveugle, septuagénaire ou d'une veuve; 6° le fils unique ou petit-fils unique d'une veuve; 7° dans ces mêmes cas, le frère puîné, lorsque le frère aîné est aveugle ou atteint de toute autre infirmité qui le rend impotent. La loi donne encore exemption : 1° au frère aîné de deux frères qui concourent au tirage la même année, lorsque le plus jeune est reconnu propre au service, et dans le cas où les deux frères auraient tiré des numéros compris dans le contingent à fournir (3); 2° au frère d'un militaire en activité de service, pourvu qu'il ne serve pas en qualité de remplaçant pour lequel il n'y aurait pas d'exemption; 3° au frère d'un militaire mort au service; 4° au frère d'un militaire réformé ou retraité par suite des blessures reçues ou d'infirmités contractées également au service. Si le remplaçant est mort ou a été congédié pour ces derniers motifs, il donne l'exemption à son frère; mais le militaire qui a obtenu un simple congé de renvoi ne procure pas cette exemption (4).

(1) Fixé à 1 mètre 56 centimètres (4 pieds 9 pouces 7 lignes).

(2) Loi du 10 mars 1818.

(3) Lorsque le frère aîné a obtenu un numéro plus élevé que le plus jeune, ce dernier est naturellement appelé pour lui-même; c'est seulement dans le cas contraire que le conseil de révision doit examiner s'il est propre au service militaire pour remplacer son aîné.

(4) Art. 13 de la loi du 21 mars 1832, et 14 de celle du 10 mars 1818.

Les dispenses conditionnelles ou révocables du service militaire sont accordées : 1° aux jeunes gens qui se vouent à l'instruction publique pendant dix années, sous la condition cependant d'être rappelés au service militaire, s'ils rompent leurs engagemens ; 2° aux élèves des grands séminaires, sur le certificat délivré par M. l'évêque diocésain : cette dispense leur est accordée jusqu'à l'âge de vingt-trois ans accomplis, époque de leur entrée dans les ordres majeurs, ce qui les dispense définitivement ; mais s'ils n'y sont point admis, ils sont alors tenus d'accomplir le temps de service prescrit par la loi, sur la déclaration qu'ils font au maire de leur commune dans l'année même où ils ont quitté leurs études et fonctions au séminaire ; 3° aux jeunes gens autorisés à continuer leurs études pour se vouer au ministère des autres cultes salariés par l'Etat, consécration fixée à l'âge de vingt-trois ans pour les protestans et les israélites, toujours sous la même condition que les séminaristes, en cas de cessation d'études; 4° aux jeunes gens qui ont remporté les grands prix de l'Institut ou de l'Université; la dispense est définitivement accordée à ces sujets remarquables, destinés à occuper une place brillante dans la carrière des lettres et des sciences; 5° enfin aux élèves de l'Ecole polytechnique (1), pépinière dans laquelle l'Etat va puiser ses ingénieurs des mines, des ponts et chaussées, topographes et autres.

_____

(1) Art. 14 de la loi du 21 mars 1832 et 15 de celle du 10 mars 1818.

C'est le conseil de révision qui prononce sur tous les cas d'exemption et de dispense; nous n'entrerons point ici dans le détail de ses opérations, étrangères à notre sujet.

Remplaçans. 51° Messieurs, nos tribunaux de paix (1) retentissent journellement de causes scandaleuses, dirigées contre des jeunes gens que des compagnies embauchent pour en faire des remplaçans. Ces compagnies ont des agens d'une moralité fort équivoque, qui parcourent nos campagnes, séjournent dans les cabarets, y attirent la jeunesse, la livrent à la débauche, l'écartent de ses travaux agricoles ou industriels, lui font méconnaître ses devoirs et combler la mesure du mécontentement des parens, des chefs d'ateliers ou des maîtres; ces agens entraînent ensuite les jeunes gens ainsi détournés à contracter des engagemens à vil prix, ou bien ils leur font des promesses fallacieuses, et lorsqu'ils les ont conduits dans une grande ville (2) où se trouve l'agence générale, on réduit ces promesses à une somme beaucoup moindre; alors ces jeunes gens, revenus de leur erreur, ou fatigués de la vie oisive et vagabonde qu'on leur fait contracter, quittent le séjour de l'auberge ou du cabaret, reviennent au sein de leurs familles ou rentrent dans leurs ateliers, en abjurant leurs torts; c'est alors que ces agens subalternes

(1) L'auteur habite l'Alsace, où grand nombre de ces jeunes gens se proposent en remplacement; il en a vu beaucoup le faire pour sauver leurs parens d'une position difficile : ceux-ci méritent qu'on les garantisse de dol ou de fraude.

(2) Particulièrement Paris ou Strasbourg.

(car je n'accuse pas ici les compagnies elles-mêmes, que je crois être dirigées par des hommes estimables) se présentent effrontément en justice, réclament les frais de dépenses de cabaret, de nourriture et de voyage avec des dommages et intérêts contre ceux qu'ils ont abusés, en entamant des procès honteux dans leurs débats. Je dénonce cet affreux monopole contre lequel l'administration s'est déjà élevée mais sans prescrire des mesures propres à le faire cesser, ce qui serait facile.

Le jeune homme qui se présente pour remplaçant doit être Français et n'être compris dans aucun des cas d'exclusion énoncés plus haut (1). *Qui peut remplacer.*

Il doit être libre de tout service et obligations imposées par la loi de recrutement (2) et par celle sur l'inscription maritime (3).

Ainsi le remplaçant ne doit être : 1° ni jeune soldat faisant partie du contingent d'une classe non libérée; 2° ni remplaçant d'un soldat dont le temps de service n'est pas légalement expiré; 3° ni engagé volontaire; 4° ni réengagé; 5° ni inscrit maritime.

Ceux des remplaçans qui n'ont pas servi ne doivent point être âgés de moins de vingt ans ni de plus de trente accomplis; ceux qui ont servi sont admis jusqu'à trente-trois ans accomplis, mais pas au-delà. Le *minimum* est fixé à dix-huit ans pour le jeune homme qui veut remplacer son frère au service.

---

(1) Art. 2 et 19 de la loi du 21 mars 1832.

(2) Lois du 21 mars 1832 et du 23 octobre 1793 sur l'inscription maritime.

(3) Mêmes lois.

Le remplaçant doit justifier : 1° de son âge (1) ; 2° qu'il n'est ni veuf, ni marié avec enfans (s'il est veuf sans enfans il peut être admis)? il doit avoir la taille au-dessus du *minimum* (fixé à un mètre cinquante-six centimètres) mais pour le jeune homme qui n'est pas encore attaché à un corps, car dans ce dernier cas le remplacé est tenu de présenter un remplaçant qui ait la taille requise pour l'arme ; enfin le remplaçant doit justifier encore qu'il n'a point été réformé du service militaire (2).

Pièces à produire. Il doit produire 1° : des certificats des maires de ses derniers domiciles depuis une année ; ces certificats contiendront son signalement et attesteront en outre 1° : la durée du temps qu'il aura séjourné dans chaque commune (s'il en a habité plusieurs) ; 2° qu'il jouit de ses droits civils et n'a subi aucune condamnation pour vol, escroquerie, attentat aux bonnes mœurs ; 3° qu'il n'est ni veuf, ni marié avec enfans.

2° Un certificat du sous-préfet de l'arrondissement qui atteste qu'il a satisfait au tirage.

3° Un extrait de son acte de naissance duement légalisé (3).

4° Si le remplaçant a servi, il devra produire, outre le certificat du maire, un autre certificat du corps dans lequel il a été en activité de service.

5° Un congé de libération de l'armée active,

(1) Art. 4 de la loi du 21 mars 1832.
(2) Art. 19 de la même loi.
(5) Art. 20 de la même loi.

comme jeune soldat d'une classe, ou, à défaut du congé de libération, un congé provisoire de libération délivré par le conseil d'administration de son corps, visé par l'officier général et le sous-intendant militaire.

6° S'il a servi, comme enrôlé volontaire, un même congé qui fasse connaître qu'il a rempli les obligations de son engagement.

7° S'il a servi comme réengagé, un même congé qui justifie qu'il a satisfait à la durée de son réengagement.

8° Enfin, s'il a servi comme remplaçant, la preuve légale qu'il a satisfait aux obligations de service imposées à son remplacé (1); mais dans le cas où l'acte de remplacement, qui l'a fait admettre sous les drapeaux, aurait été annulé par les tribunaux, il devra en produire la preuve authentique, sinon il se rendra passible des peines portées par la loi (2).

Les différentes pièces à produire par les remplaçans peuvent leur être délivrées sur papier libre (3), parce que toutes celles à délivrer pour service militaire sont exemptes de timbre; mais il faut y énoncer ces mots : *Le présent délivré pour service militaire.*

52° Messieurs, beaucoup de jeunes gens, soit par goût pour l'état militaire, soit par élan de patrio- Engagés volontaires.

(1) Art. 21 de la loi du 21 mars 1832.

(2) De trois mois à deux ans de prison, sans préjudice de plus grandes peines.

(3) Art. 16 de la loi du 13 frimaire an 7.

tisme, soit aussi, ce qui arrive assez fréquemment, pour se soustraire à l'autorité sévère de leurs parens, férule remplacée par la rigueur de la discipline militaire; beaucoup de jeunes gens, dis-je, devancent l'appel par des engagemens volontaires; nous allons examiner ici les conditions d'aptitude et d'admissibilité de ces jeunes enrôlés.

Conditions de l'engagement.

1° Le principe établi par la loi (1), que nul ne peut être admis dans les troupes françaises s'il n'est Français, est applicable aux enrôlés.

2° Il résulte de ce principe que les étrangers, non naturalisés, ne peuvent être admis à contracter un engagement.

3° L'honneur étant le mobile du soldat français, aucune prime en argent, ni prix quelconque n'est attaché aux engagemens.

4° Les jeunes gens qui veulent servir dans la marine doivent être âgés de seize ans accomplis sans être tenus d'avoir encore la taille prescrite (2); mais s'ils contratent cet engagement à dix-huit ans, la taille est alors exigible.

5° Ceux qui s'engagent pour l'armée de terre doivent avoir au moins dix-huit ans accomplis, et la taille d'un mètre cinquante-six centimètres.

6° L'engagé doit être sain, robuste et bien constitué.

7° Il n'est pas admis à se faire enrôler s'il est âgé de plus de trente ans révolus, lorsqu'il n'a pas servi.

(1) Art. 2, déjà cité, de la loi du 21 mars 1832.
(2) 1 mètre 560 millimètres.

8° Lorsqu'il demande à entrer de préférence dans un des corps spéciaux de l'armée, il doit avoir la taille exigée pour l'arme ou exercer une des professions relatives (1).

9° Les Français qui ont déjà servi dans l'armée active sont admissibles jusqu'à l'âge de trente-cinq ans révolus à contracter un nouvel engagement, mais passé trente ans cet engagement ne peut être contracté que pour un des corps de l'arme dans laquelle ils ont servi ; cependant ils sont admissibles dans les corps de vétérans jusqu'à l'âge de quarante-cinq ans (2).

10° L'acte d'engagement doit toujours mentionner le corps dans lequel l'engagé témoigne le désir de servir. Acte d'engagement.

11° Le jeune Français qui désire s'engager doit d'abord faire constater qu'il a les qualités requises pour l'arme dont il a fait choix ; il se présente en conséquence, devant le chef du corps dans lequel il désire prendre du service, ou bien devant l'officier de recrutement du département, ou bien encore devant l'officier de gendarmerie, le plus voisin de la résidence ; ces officiers étant les seuls qui aient qualité pour constater l'aptitude militaire des enrôlés, ils donnent au jeune homme, après

(1) Art. 2 de la loi du 21 mars 1832, déjà cité ; art. 31, 32, 33, 34 et 35 de la même loi, combinée avec l'ordonnance royale du 28 avril même année.

(2) Art. 2 et 3 de la même ordonnance, abrogation de l'ordonnance royale du 26 juillet 1831, qui portait jusqu'à cinquante-cinq ans l'âge d'admission dans les vétérans.

leur vérification, un certificat d'acceptation (1).

12° Muni de cette pièce, celui-ci se présente devant le maire du chef-lieu de son canton, seul appelé à dresser l'acte d'engagement.

Son contenu. Ce magistrat, au vu de ce certificat, s'assure que l'homme qui demande à s'engager remplit les conditions prescrites par la loi. Ces conditions sont : 1° l'âge de l'engagé, comme nous l'avons déjà désigné, mais justifié par l'acte de naissance ou par un acte de notoriété prescrit par le Code civil (2); 2° la taille, en raison de l'arme (3); 3° la justification que l'engagé jouit de ses droits civils; 4° son certificat de bonnes vie et mœurs duement légalisé; 5° la déclaration qu'il a faite devant son maire, en présence de deux témoins, qu'il n'est ni marié, ni veuf avec enfans, ni lié au service militaire; cette déclaration doit être consignée dans l'acte.

Si l'engagé a servi, il doit justifier au maire cantonal de son certificat de libération provisoire ou de son congé définitif du service actif, de son congé de réforme ou du congé de renvoi; de même si l'engagé a servi comme remplaçant, de l'annulation de l'acte de remplacement.

Les jeunes gens faisant partie du contingent annuel ont la faculté de contracter un engagement volontaire et de faire choix de l'arme qui leur plaît,

(1) Art. 6 de l'ordonnance du 28 avril 1832.

(2) Art. 70 du Code civil. (Cet acte est passé sur la déclaration de sept témoins devant le juge-de-paix.)

(3) Le *minimum* de la taille est fixé à 1 mètre 56 centimètres.

mais cette faculté cesse au jour de la clôture de la liste du contingent de leur canton (1).

MM. les maires cantonnaux doivent se conformer strictement au modèle qui leur a été envoyé avec l'ordonnance royale du 28 avril 1832, afin de n'introduire dans cet acte aucune clause ou condition contraire à la loi. Une des conditions qui leur est formellement prescrite, à peine de nullité, c'est que celle relative à la durée de l'engagement soit formellement exprimée dans l'acte, qu'il soit entièrement lu à l'engagé, afin qu'il n'ignore aucune des clauses qui y sont mentionnées, qu'il signe cet acte avec pleine connaissance de son engagement, et que les pièces qu'il a produites restent annexées à la minute, afin que l'on puisse y recourir, si l'acte était taxé d'illégalité ou d'irrégularités de nature à le faire annuler.

Sa validité.

Je crois utile de rappeler à MM. les maires : 1º que toutes fraudes ou manœuvres quelconques par suite desquelles un jeune homme aurait été omis sur les tableaux de recensement ou induement admis sur la liste d'un contingent cantonnal (2); 2º de même toute exemption ou déduction accordée, toute substitution ou remplacement effectué, ainsi que toute mutilation volontaire afin de rendre un jeune homme impropre au service, doivent en faire déférer les auteurs ou complices devant les tribunaux

Fraudes en matière de recrutement.

(1) Art. 8, 9, 10 et 11 de l'ordonnance du 28 avril 1832.

(2) Art. 14 de la même ordonnance, art. 31, 32, 33 et 34 de la loi du 21 mars 1832.

pour être poursuivis et punis conformément aux peines prononcées par la loi (1).

Ils doivent également découvrir toute omission faite par les jeunes gens, parens ou tuteurs, dans la vue de soustraire un jeune homme aux obligations du service militaire; dans ce cas les maires en rendent compte au préfet qui en porte plainte au procureur du roi, afin de faire appliquer les pénalités de la loi aux auteurs ou complices de cette omission.

Mais, je crois inutile de leur rappeler que la loi punit de peines sévères les fonctionnaires ou officiers publics civils et militaires qui, sous quelque prétexte que ce soit, auraient admis ou autorisé des infractions aux prescriptions énoncées ci-dessus, pour les exemptions, déductions, exclusions, engagemens, etc. (2), en raison de la gravité des circonstances ou par abus de leur pouvoir. Lorsque dans un état comme la France, où l'on compte environ quatre-vingt mille fonctionnaires de l'ordre administratif civil seulement (3) et gratuitement en exercice; lorsque, dis-je, dans un compte officiellement rendu de la justice criminelle, pour une année qui a immédiatement suivi une révolution importante, révolution qui a presque entièrement changé l'ordre des choses précédemment établi, un ministre garde

(1) Art. 38 et 43 de la loi du 21 mars 1832.
(2) Art. 11 et 38 de la même loi.
(3) Je ne parle ici que des maires et des adjoints, dont le plus grand nombre n'ont fait aucune étude préparatoire de leurs fonctions.

des sceaux (1), ne signale que cinquante-huit fonctionnaires publics dont le Conseil-d'Etat a autorisé
la poursuite devant les tribunaux, et que, sur ce
nombre, quarante-un ont été solennellement ac-
quittés, et onze, seulement, condamnés, un seul
à une peine flétrissante, au carcan, sept à l'emprisonnement et deux à une simple amende (2);
nous conviendrons, Messieurs, qu'il existe une
grande intégrité dans l'exercice des fonctions publiques en général, car les dénonciations ne man-
quent pas à l'égard des autorités qui faillissent et
même de celles qui ne faillissent pas. Ces dénonciations sont tracassières, abusives même; cependant,
comme elles établissent, sur la conduite et la gestion des fonctionnaires, un contrôle salutaire, ce
motif doit nous retenir et nous empêcher de nous en
plaindre, et nous nous en féliciterions, au contraire,
si elles étaient toujours dictées par zèle et par amour
du bien public; mais beaucoup le sont (et les preuves
fourmillent) par la jalousie du pouvoir, un certain
désir de nuire accompagné d'une ignorance des
faits ou dans l'absence de preuves, qui en empêche
l'examen ou rend les enquêtes nulles; et, ce qui
est tout à fait blâmable, c'est qu'elles contiennent, parfois, d'odieuses et mensongères person-
nalités qui découragent et déconcertent l'honnête
fonctionnaire, lequel fait gratuitement à l'Etat et

Dénonciation contre les fonctionnaires communaux.

(1) Compte rendu de la justice criminelle en France pour l'année
1831.
(2) Trois sont morts pendant l'instance et deux n'étaient pas encore jugés.

à la commune le sacrifice de son temps, d'une partie de ses revenus, de son repos, de son indépendance, souvent aussi de ses relations amicales; d'un fonctionnaire qui découvre au public le secret de ses facultés intellectuelles, sur lesquelles la censure s'exerce avec une mordante malignité, et tous ces sacrifices, sans autre perspective de récompense que l'estime et la considération des administrés, récompense que l'envie lui dispute et fait tourner quelquefois en peine causée par l'ingratitude.

Listes électo-
rales et du jury.

53° MM. les maires doivent se réunir annuellement à l'époque du 1er au 10 juin au chef-lieu de leur canton, sous la présidence du maire cantonnal (1), afin de procéder à la révision de la portion de la liste électorale et du jury, qui comprend les citoyens de leur canton; ils sont aidés dans cette opération par les percepteurs.

Dans cette réunion, ils recueillent tous les renseignemens propres à constater les droits des nouveaux électeurs ou jurés à admettre sur les listes, ou de ceux qui ont perdu le droit d'y être conservés, soit par la réduction de leur cens, soit par la cessation des fonctions qui leur avaient acquis la faveur de l'admission, ou qui en sont rayés pour tout autre motif.

Je n'entrerai point ici dans le détail des causes de radiation, parce que MM. les maires ont sous leurs

(1) On donne vulgairement ce nom au maire du chef-lieu de canton; c'est ainsi qu'il faut l'entendre, car il n'a point d'autorité au-delà de sa circonscription communale.

yeux les nouveaux élémens d'instructions qui y sont
relatifs.

54° Messieurs, il est un principe consacré par la
nouvelle loi sur la formation de la garde nationale ;
c'est que cette milice citoyenne est placée sous l'autorité directe de MM. les maires, les sous-préfets ,
les préfets et de M. le ministre de l'intérieur ; qu'ainsi
dans la commune le maire en est le chef naturel, nécessaire et immédiat. C'est donc de ce fonctionnaire
que MM. les officiers reçoivent l'ordre du service ,
conformément au réglement fixé et rendu exécu-
toire par l'autorité supérieure ; tout refus d'y déférer constitue une désobéissance à la loi. Beaucoup
d'officiers diront, sans doute, qu'un grand nombre
de maires ne sont point à la hauteur de leurs fonctions ; cela peut être , mais nous ne le supposons pas
ici ; cette raison n'est admissible dans aucun cas ;
avouons avec sincérité qu'on ne les trouve pas tous
dans une sphère sociale assez élevée et qu'il en
coûte à notre susceptibilité, au doux orgueil que
fait naître le port flatteur d'une épaulette , don du
suffrage estimable de nos concitoyens, de céder à la
volonté d'un fonctionnaire sur lequel on se croit une
supériorité ou de fortune ou d'instruction. Messieurs,
ces préjugés sociaux, ces préventions sont encore
moins admissibles ; ils bouleversent le grand principe
de notre constitutionnalité, l'égalité des droits, la
faculté donnée par notre Charte à tous les citoyens
français de parvenir aux emplois publics.

Qu'étaient nos patriarches ? Des rois pasteurs ; et
souvent sous une bure grossière nous trouvons une

rectitude de jugement, une pénétration d'esprit, un
tact, des vertus et des qualités auxquelles il ne manque qu'une étude spéciale pour nous offrir des administrateurs parfaits. Nous avons vu sortir des rangs
du peuple, de la classe si estimable du cultivateur,
plus d'un général renommé, des pairs de France,
des ministres, de brillans orateurs, des patriotes
enfin, fiers d'une origine dont ils ont relevé l'éclat.
Nous devons tous à la patrie, au repos public, à la
prospérité communale, le sacrifice de nos préoccu-
pations d'amour-propre. La garde nationale n'est pas
par elle-même autorité: elle est force publique;
c'est lorsque cette force est mise en action par le
pouvoir légal que son autorité commence; c'est de
l'obéissance même que cette autorité reçoit sa puissance. Le maire a parlé; alors l'officier-général commande à l'officier supérieur, et le commandement
traverse, en un instant, toute la hiérarchie des grades. Supposons, Messieurs, que des villes du premier
ordre, comme Lyon, Marseille, Bordeaux, aient
pour administrateur communal un simple citoyen,
sans autre rang que son mérite et ses vertus : un ordre
échappe d'une main qui n'a jamais manié les rênes
de la puissance; à l'instant même un vieux brave,
général couvert d'honorables cicatrices, qui jadis
sur un champ de bataille ne recevait d'ordre que
d'un maréchal de France, met des masses en mouvement, dirige les citoyens armés et maintient la
paix publique, là, où une déplorable collision du
pouvoir eût amené le désordre, l'anarchie et peut-
être le pillage et le meurtre. Eh bien! Messieurs,

a-t-il rougi, ce noble guerrier, d'obéir au magistrat tout récemment sorti du sein de la plèbe? Non, sans doute; et pourquoi? C'est parce que les étoiles d'honneur qui brillent sur ses épaulettes et sur sa poitrine ont été tout autant le prix de son obéissance et de sa discipline que de sa bravoure et de son application militaire. Imitons donc, oh! mes concitoyens, un exemple puisé dans des devoirs que nous impose l'acceptation d'un grade ou d'une mission purement honorifique! mais si de superbes dédains nous écartent de ces devoirs, ou nous les font remplir avec répugnance, ayons le courage de refuser les distinctions flatteuses dont nous honorent nos concitoyens, et renfermons-nous dans le cercle de nos habitudes et de nos obligations privées. La patrie et le prince n'en gémiront pas. Ecoutons ce que nous dit le texte même de la Charte :

« La garde nationale est instituée pour défendre « la royauté constitutionnelle, la Charte et les droits « qu'elle a consacrés, pour maintenir l'obéissance « aux lois, conserver ou rétablir l'ordre et la paix « publique.

« Toute délibération prise par la garde nationale « sur les affaires de l'Etat est une atteinte à la li-« berté publique et un délit contre la chose publi-« que et la constitution (1).

« Dans le cas où la garde nationale résisterait aux « réquisitions légales des autorités (2), ou bien s'im-

(1) Art. 1er de la loi du 21 mars 1831.
(2) Ces autorités sont le maire, le sous-préfet, le préfet.

« miscerait dans les actes des autorités municipales,
« administratives ou judiciaires, le préfet pourra
« provisoirement la suspendre (1).

« Les citoyens ne pourront ni prendre les armes,
« ni se rassembler en état de gardes nationales, sans
« l'ordre des chefs immédiats, ni ceux-ci donner un
« ordre sans une réquisition civile dont il sera donné
« communication à la tête de la troupe. »

Il résulte de ces dispositions de la loi que la garde
nationale ne doit pas prévenir la réquisition du
maire, encore moins y désobéir; les citoyens français ne sauraient graver trop avant dans leur cœur
ces principes fondamentaux de la loi.

Nous avons déjà parlé de la formation des contrôles, nous n'y reviendrons plus, et nous rappellerons
seulement aux maires que, dans la présidence qu'ils
exercent dans les diverses réunions de la garde nationale : 1° pour l'élection des officiers et sous-officiers
de cette garde; 2° pour celle des candidats appelés
à concourir avec les officiers à la nomination d'un
chef de bataillon et du porte-drapeau; 3° dans l'assemblée convoquée pour élire ces deux officiers, ils
ne sauraient mettre trop d'impartialité, de convenance, de délicatesse dans l'exercice de cette fonction; n'influencer, en aucune manière, sur le choix
à faire, afin de ne donner lieu ni aux intrigues, ni
aux cabales qui tendraient à en amener de contraires au vœu de la majorité des gardes nationaux, et
par cette conduite franche et loyale éviter de jeter

Elections des officiers et sous-officiers.

____

(1) Art. 5 de la loi du 21 mars 1831.

dans la commune des fermens de discorde, dont ils ont tout le souci, et qu'il n'est pas toujours en leur pouvoir de détruire.

Ils ne peuvent jamais se rendre trop esclaves des formes, à l'effet de prévenir des réélections dont la médaille a un revers désagréable. Ces formes sont rigoureusement prescrites et détaillées dans de nombreuses instructions ministérielles ; elles sont relatives à la formation des contrôles du service ordinaire et de la réserve, du registre matricule, des bulletins individuels, des rôles de la mobilisation, des bulletins qui leur sont particuliers ainsi qu'aux brevets des officiers et sous-officiers, aux états des gardes nationaux pour l'élection sémestrielle du jury de revision et surtout aux procès-verbaux de toutes les élections dans lesquels une seule omission entraîne par fois la nullité de l'acte ou provoque un jugement du jury.

MM. les maires ont dans leurs archives tous les documens, modèles imprimés et les instructions les plus détaillées sur la garde nationale (1) (2).

Nous allons nous occuper maintenant, Messieurs, de l'organisation et de la composition du corps municipal.

Elections communales.

___

(1) Commissaire pour l'organisation de la garde nationale par bataillon, ainsi que pour la mobilisation, j'ai été à même de me convaincre que, dans beaucoup de communes, on avait négligé de suivre même les premières dispositions de la loi ; mais le temps a corrigé ces graves abus et ces dispositions sont de jour en jour mieux observées.

(2) Loi du 22 mars 1831, instructions du ministre des 25 avril, 1er juin suivant, 19 avril et 15 juillet 1832.

Composition des conseils municipaux.

Ce corps se compose : 1° dans les communes de cinq cents habitans et au dessous, du maire, d'un adjoint, de dix conseillers municipaux.

2° Dans celles de quinze cents à deux mille cinq cents, des mêmes magistrats, et de seize conseillers.

3° Dans celles de deux mille cinq cents à trois mille cinq cents, du maire, de deux adjoints et de vingt-un conseillers.

4° Dans celles de trois mille cinq cents à dix mille habitans, du même nombre de magistrats et de vingt-trois conseillers.

5° Dans celles de dix mille à trente mille habitans, du maire, de trois adjoints et de trente-six conseillers.

6° Dans les communes au-dessus de cette population, il y a un adjoint de plus par chaque excédant de vingt mille âmes : ainsi, dans celles de cinquante mille, le corps municipal se compose du maire, de quatre adjoints et de trente-sept conseillers ; dans celles de soixante-dix mille âmes, de cinq adjoints et de trente-huit conseillers, et ainsi de suite progressivement (1).

Nomination des maires et adjoints.

Dans les communes d'une population moindre de trois mille âmes, les maires et adjoints sont nommés par le préfet du département, au nom du roi; dans les communes de trois mille âmes et au dessus, le maire et les adjoints sont nommés par le roi.

Durée de leurs fonctions.

Ils le sont pour trois ans, et choisis parmi les membres du conseil municipal, sans cesser, pour

(1) 1er, 2 et 9 de la loi du 21 mars 1831.

cela, d'en faire partie : ils y ont voix délibérative.

Ils peuvent être suspendus par un arrêté du préfet, mais ils ne sont révocables que par une ordonnance royale (1).

Les maires et adjoints doivent être âgés de vingt-cinq ans accomplis et avoir leur domicile réel dans la commune (2). Age exigible.

En cas d'absence du maire ou d'empêchement, il est remplacé par l'adjoint disponible, le premier dans l'ordre du tableau.

En cas d'absence ou d'empêchement du maire et des adjoints, le maire est remplacé par le conseiller municipal, le premier dans l'ordre du tableau dressé suivant le nombre de suffrages obtenus (3).

Les conseillers municipaux sont élus dans l'assemblée des électeurs communaux (4). Assemblée des électeurs.

Sont électeurs : 1° les citoyens les plus imposés aux rôles des contributions directes de la commune, âgés de vingt-un ans accomplis, savoir : pour les communes de mille âmes et au-dessous, en nombre égal au dixième de la population de la commune, accru de cinq par cent habitans, en sus de cinq mille jusqu'à quinze mille. Qui les composent.

De trois par cent habitans, au-dessus d'une population de quinze mille.

2° Les membres des cours et tribunaux, y compris les juges-de-paix et leurs suppléans.

(1) Art. 3 et 4 de la loi du 21 mars 1831.
(2) Art. 4 de la même loi.
(3) Art. 5 *idem*.
(4) Art. 10 *idem*.

3° Les membres des chambres de commerce, des conseils de manufactures, des conseils de prud'hommes.

4° Les membres des commissions administratives, des colléges, des hospices, et des bureaux de bienfaisance.

5° Les officiers de la garde nationale.

6° Les membres et correspondans de l'Institut, ceux des sociétés savantes instituées ou autorisées par une loi.

7° Les docteurs des facultés de droit, de médecine, des sciences, des lettres, après trois ans de domicile réel dans la commune.

8° Les avocats inscrits au tableau, les avoués près les cours et tribunaux, les notaires, les licenciés de l'une des facultés de droit, des sciences, des lettres, chargés de l'enseignement de quelqu'une des matières appartenant à la faculté où ils auront pris leur licence; les uns et les autres après cinq ans de domicile réel dans la commune.

9° Les anciens fonctionnaires de l'ordre administratif et judiciaire jouissant d'une pension de retraite.

10° Les employés des administrations civiles et militaires jouissant d'une pension de retraite de six cents francs au moins.

11° Les élèves de l'école polytechnique qui ont été, à leur sortie, déclarés admis ou admissibles dans les services publics, mais après deux ans de domicile réel.

12° Les officiers de terre et de mer jouissant d'une pension de retraite.

13° Les citoyens appelés à voter dans les élections des membres de la chambre des députés, quel que soit leur cens dans la commune (1).

14° Le fermier qui paie le tiers de la contribution du domaine qu'il exploite, si ce cens le place parmi les plus imposés de la commune (2).

Les membres du conseil municipal sont tous choisis sur la liste des électeurs communaux, et les trois quarts, au moins, parmi ceux domiciliés dans la commune (3). *Conditions pour être élus conseillers municipaux.*

Les deux tiers, au moins, des conseillers municipaux sont nécessairement choisis parmi les plus imposés et l'autre tiers parmi ceux ayant droit de voter dans l'assemblée (4).

Les conseillers municipaux doivent être âgés de vingt-un ans accomplis, ils sont élus pour six ans et toujours rééligibles ; ils sont renouvelés tous les trois ans par moitié seulement (5).

Les préfets, sous-préfets, secrétaires généraux et conseillers de préfecture, les ministres des divers cultes en exercice dans la commune, les comptables des revenus communaux et tout agent salarié, ne peuvent être nommés membres des conseils municipaux ; nul ne peut être membre de deux de ces conseils (6). *Motifs d'exclusion.*

La perte de la jouissance des droits civils, à temps,

(1) Art. 11 de la loi du 21 mars 1831.
(2) Art. 14 *idem.*
(3) Art. 15 *idem.*
(4) Art. 16 *idem.*
(5) Art. 17 *idem.*
(6) Art. 18 *idem.*

11

suspend les fonctions d'un membre de conseil municipal et la perte définitive des mêmes droits exclut des conseils ceux qui en étaient membres (1).

Dans les communes de cinq cents âmes et au-dessus, les parens au degré de père, de fils, de frères, et les alliés au même degré, ne peuvent être, en même temps, membre d'un conseil municipal (2).

Des assemblées des conseils municipaux. Traitons maintenant, Messieurs, des assemblées des conseils municipaux.

1° Ces conseils se réunissent quatre fois l'année, au commencement de février, mai, août et novembre ; chaque session peut durer dix jours (3).

Convocations extraordinaires. Le préfet et le sous-préfet prescrivent les convocations extraordinaires du conseil municipal ; ils les autorisent, sur la demande du maire, toutes les fois que l'intérêt de la commune l'exige.

Délibérations. Dans les sessions ordinaires, le conseil peut s'occuper de toutes les matières qui rentrent dans ses attributions.

Dans les réunions extraordinaires, il ne peut s'occuper que des objets pour lesquels il a été spécialement convoqué.

La convocation extraordinaire pour un objet spécial et déterminé peut être également autorisée, sur la demande du tiers des membres du conseil municipal, adressée directement au préfet ; en cas de refus, motivé par un arrêté, les réclamans peuvent appeler au roi.

(1) Art. 19 de la loi du 21 mars 1831.
(2) Art. 20 *idem.*
(3) Art. 23 *idem.*

Le maire préside le conseil municipal, les fonctions de secrétaire sont remplies par un des membres nommé au scrutin et à la majorité, à l'ouverture de chaque session (1).

Ce conseil ne peut délibérer que lorsque la majorité des membres en exercice assistent à la séance.

La communication, sans déplacement, des délibérations du conseil municipal (2) ne peut être refusée à aucun des citoyens contribuables de la commune.

Tout membre de ce conseil qui manquera ou qui aura manqué à trois convocations consécutives, sans motifs reconnus légitimes par le conseil, pourra être déclaré démissionnaire par le préfet (3).

La dissolution d'un conseil municipal peut être prononcée par le roi. L'ordonnance de dissolution fixera l'époque de la réélection, mais dans le délai de trois mois au plus tard (4).

Toute délibération d'un conseil municipal, portant sur des objets étrangers à ses attributions, est nulle de plein droit; le préfet, en conseil de préfecture, déclarera la nullité : le conseil pourra en appeler au roi (5).

Sont aussi nulles, de plein droit, toutes délibérations d'un conseil municipal prises hors de sa réunion légale.

---

(1) Art. 24 de la loi du 21 mars 1831.
(2) Art. 25 *idem.*
(3) Art. 26 *idem.*
(4) Art. 27 *idem.*
(5) Art. 28 *idem.*

Le préfet, toujours en conseil de préfecture, déclarera l'illégalité de l'assemblée et la nullité de ses actes (1).

Si, par suite, le conseil est dissout, et que dans le nombre de ses actes il s'en trouve qui soient punissables d'après les lois pénales en vigueur, ceux des membres du conseil qui y auraient sciemment participé pourront être poursuivis (2).

Si un conseil se mettait en correspondance avec un ou plusieurs autres conseils, ou s'il publiait des proclamations ou adresses aux citoyens, il serait suspendu par le préfet, en attendant qu'il ait été statué par le roi.

Si la dissolution du conseil est prononcée, ceux qui auront participé à ces actes pourront être poursuivis conformément aux lois pénales en vigueur (3).

Lorsqu'en vertu de cette dissolution un conseil a été renouvelé en entier, le sort désignera, à la fin de la troisième année, les membres qui seront à remplacer (4).

Assemblées communales. Formation des listes.

Le maire, assisté du percepteur et des commissaires répartiteurs, dressera la liste de tous les contribuables de la commune jouissant des droits civiques.

Les plus imposés seront inscrits dans l'ordre décroissant de la quotité de leurs contributions (5).

(1) Art. 29 de la loi du 21 mars 1831.
(2) Art. 29 de la même loi.
(3) Art. 30 *idem.*
(4) Art. 31 *idem.*
(5) Art. 32 *idem.*

Cette liste présentera la quotité des impôts de chacun de ceux qui y seront portés; elle énoncera le chiffre de la population de la commune et sera affichée dans la commune et communiquée au secrétariat de la mairie à tout requérant (1).

Tout citoyen omis a un mois pour présenter sa réclamation à la mairie, et dans le même délai tout électeur inscrit pourra réclamer contre l'inscription de tout individu qu'il croirait induement porté sur la liste (2). Droit de réclamation.

Le maire prononcera dans le délai de huit jours, après avoir pris l'avis d'une commission de trois membres du conseil, délégués à cet effet par le conseil municipal; il notifiera, dans le même délai, sa décision aux parties intéressées (3).

La partie qui se croirait fondée à contester une décision rendue par le maire, dans la forme ci-dessus, peut en appeler dans le délai de quinze jours devant le préfet qui, dans le délai d'un mois, prononcera en conseil de préfecture, et notifiera sa décision (4). Appel à l'administration supérieure.

Le maire est tenu de faire sur la liste la rectification prescrite en vertu de cette décision. Rectification à opérer.

L'opération de la confection des listes commencera le 1er janvier de chaque année; les listes seront publiées et affichées le 8 du même mois; elles seront closes le 31 mars. Il n'y sera plus fait de changemens Publication des listes.

---

(1) Art. 33 de la loi du 21 mars 1831.
(2) Art. 34 de la même loi.
(3) Art. 35 *idem.*
(4) Art. 36 *idem.*

pendant le reste de l'année, et tout citoyen qui y sera porté aura droit de voter, excepté ceux qui auraient été privés de leurs droits civiques par un jugement (1).

L'assemblée des électeurs est convoquée par le préfet (2).

Dans les communes au-dessous de deux mille cinq cents âmes de population, il n'y a qu'une assemblée présidée par le maire.

Dans celles de deux mille cinq cents âmes et au-dessus, les électeurs seront divisés par sections.

Le nombre des sections sera tel que chacune d'elles ait au plus huit conseillers à nommer dans les communes de deux mille cinq cents à dix mille habitans; six dans celles de dix mille à trente mille; et quatre dans celles dont la population excède ce dernier nombre.

Les sections seront présidées, savoir : la première à voter, par le maire, et les autres successivement par les adjoints dans l'ordre de leur nomination, et par les conseillers dans l'ordre du tableau. Les qua-

tre scrutateurs sont les deux plus âgés et les deux plus jeunes des électeurs présens, sachant lire et écrire : le bureau ainsi constitué désigne le secrétaire (3).

Les électeurs ne peuvent déposer leur vote qu'a-près avoir prêté serment de fidélité au roi des Fran-

---

(1) Art. 40 de la loi du 21 mars 1831.
(2) Art. 43 de la même loi.
(3) Art. 44 *idem.*

çais, d'obéissance à la Charte constitutionnelle et aux lois du royaume (1).

Les assemblées ne peuvent s'occuper d'autres ob- Scrutin. jets que des élections qui leur sont attribuées; toute discussion, toute délibération, leur sont interdites; le président en a seul la police. Elles procèdent aux élections qui leur sont attribuées au scrutin de liste, à la majorité absolue au premier tour de scrutin, à la majorité relative au second. Le bureau juge provisoirement les difficultés qui s'élèvent sur les opérations de l'assemblée; chaque scrutin doit rester ouvert pendant trois heures au moins et trois membres du bureau être toujours présens (2).

Tout membre de l'assemblée aura également le droit d'arguer les opérations de nullité; dans ce cas, si la réclamation n'a pas été consignée au procès-verbal, elle devra être déposée dans le délai de cinq jours, à compter de celui de l'élection, au secrétariat de la mairie, où on lui en donnera récépissé.

L'ancien conseil restera en fonctions jusqu'à l'installation du nouveau (3).

Nous n'avons rapporté, Messieurs, que les principales dispositions de la loi sur les élections communales, celles qui sont particulièrement dans les attributions des maires, et qui déterminent les pouvoirs des conseils municipaux, parce qu'elles nous concernent tous.

(1) Art. 47 de la loi du 21 mars 1831.
(2) Art. 48, 49 et 50 de la même loi.
(3) Même loi.

Dans la présidence des assemblées communales,
MM. les maires et leurs adjoints ont à justifier la
confiance du législateur ; pour cela, ils doivent présider avec la dignité qui impose et l'impartialité qui
commande le respect, attirent l'estime et font expirer sur les lèvres la plainte et le murmure. Un devoir non moins sacré et qui prend sa source dans le
for intérieur, c'est celui de faire taire le ressenti-
ment et de s'attacher scrupuleusement à l'observance
des formes prescrites par la loi, afin d'éviter les nullités dans les choix. Cette probité, évidente aux yeux
de toute une assemblée, rompt les brigues au lieu
de les faire naître, coupe le nœud des intrigues, et
ne laisse du moins après elle aucun reproche intérieur et fondé.

Si des liens ou des ambitions de famille, nombreux
dans les petites communes, si le caprice ou l'envie,
si la cabale enfin, vice incorrigible de toutes les
élections, vice qui surgira long-temps de notre défaut d'éducation dans le système constitutionnel et
toujours des passions politiques ; si tous ces motifs,
dis-je, éloignent de son poste et même du conseil
de sa commune le magistrat intègre et désintéressé
qui l'a sagement administrée, bientôt les regards de
ses concitoyens se reporteront sur lui ; on aura
un juste souvenir de sa franchise, de son zèle, de
sa popularité ; d'anciennes sympathies se réveille-
ront ; l'estime publique, mieux éclairée, paiera
son juste tribut de reconnaissance et de retour au
magistrat qui l'avait précédemment mérité.

Revenu au timon de l'administration communale,

notre digne administrateur proclamera l'oubli du
passé ; il étouffera le cri d'un amour-propre, parfois
trop susceptible ; il n'imitera point ce célèbre consul romain qui descendit dans la tombe le front
orné d'une auréole de gloire, mais le cœur blessé
d'un outrage qu'il ne sut jamais pardonner.

Marcus-Livius (1), à la fin d'un consulat qu'il avait
illustré, fut accusé de concussion, ainsi que son collègue, et traîné par un tribun du peuple devant
l'assemblée de la nation ; il y fut condamné à l'a-
mende. Livius, qui n'avait pas mérité cette condamnation, en fut si profondément blessé, que dès ce
moment il laissa croître ses cheveux, sa barbe, ses
ongles, et ne parut plus que rarement en public, et
au sénat sous un extérieur très négligé ; on ne le
considéra plus que comme un misanthrope, un atra-
bilaire.

Annibal était en Italie. Ses victoires sur le Tésin,
la Trébie, le Trasimène, à Cannes, dix années de
succès au sein de cette péninsule, la mort récente
de Marcellus, son plus terrible antagoniste, avaient
rendu Rome veuve de ses vieux et de ses plus illustres guerriers.

Tout à coup on apprend au sénat qu'Asdrubal le Carthaginois, à la tête d'une armée considérable, avait
traversé, avec la rapidité de l'éclair, l'Espagne, les
Pyrénées, la Gaule, et que, prêt à franchir les Alpes,

Trait histori-
que.

(1) Marcus-Livius fut élu consul avec Lucius-Æmilius-Paulus,
l'an 535 de Rome, 219 ans avant la naissance de Jésus-Christ ;
Æmilius échappa à la condamnation qui fut prononcée contre son
collègue.

il allait, dans sa marche rapide, descendre en Italie pour y rejoindre son frère Annibal. Le nuage était menaçant; il pouvait se grossir de la révolte des Cisalpins (1), des Liguriens (2), des Toscans (3), peuples sous le joug ou alliés peu fidèles; dans cette crise effrayante, Rome jetait des regards inquiets et attendris sur le petit nombre de chefs illustres auxquels elle allait de nouveau confier ses destinées.

Vers ce temps, un proche parent de Marcus-Livius fut accusé au sein du sénat; il invoqua et somma même Livius de prendre sa défense. Aussitôt ce sénateur se levant et rompant un silence de dix années, semblable à ces eaux qui, long-temps retenues par une digue, la pressent de leurs flots écumeux, la brisent et se précipitent impétueusement, Livius prononce un discours si véhément, si riche de pensées et d'expressions, qu'il étonne tous les sénateurs; leurs regards se portent spontanément sur lui; on se rappelle l'éclat de son premier consulat et d'un mouvement unanime on le porte à la candidature. Le peuple confirme par ses suffrages presque universels le choix du sénat; mais Livius montant aux Rostres (4), reproche aux Romains leur légèreté : « Si j'étais innocent, il y a dix ans, leur dit-il, pourquoi m'avez-vous condamné? Si j'étais coupable, pourquoi m'appelez-vous aujourd'hui à la su-

(1) Nation gauloise, anciennement établie en Italie, en-deçà du Pô.
(2) Aujourd'hui le pays de Gènes.
(3) Les Etrusques ou Toscans, confédération considérable de l'Italie, alliée de Rome.
(4) La tribune aux harangues, placée sur la place du Forum.

prême magistrature ? » Cependant il céda aux ins-
tances du peuple ; le trait qui le blessait n'avait pas
encore atteint chez lui la fibre du patriotisme. Livius
vole en consul (1) à la tête d'une armée au-devant
d'Asdrubal ; son jeune collègue, par un élan hardi
qui fit trembler le Capitole sur sa base rocail-
leuse, le rejoint en six jours (1). Asdrubal, pressé
par les forces réunies des deux consuls, veut fuir ou
échapper ; mais ces généraux l'arrêtent, le combat-
tent dans les plaines de Sienne sur les bords du Mé-
taure, le vainquent, et lui tuent cinquante-six mille
hommes avec leur chef. Claudius, victorieux, rega-
gne son camp par une marche également précipitée,
jette dans celui d'Annibal la tête d'Asdrubal, et lui

(1) Livius a été réélu consul avec Claudius Néro, jeune patri-
cien d'un mérite distingué, l'an 546 de Rome, et 207 ans avant
Jésus-Christ, pour exercer l'année suivante.

(2) Claudius Néro était campé dans l'Apulie (la Pouille) tout
près d'Annibal qui n'osait s'exposer à combattre avant l'arrivée des
secours qu'il attendait d'Afrique et d'Espagne. Claudius inter-
cepte, par ses coureurs, les courriers déguisés qu'Astrubal avait
envoyés à son frère, dès son entrée en Italie. Le jeune consul,
instruit de la marche des Carthaginois, prend la résolution hardie
d'aller rejoindre son collègue à quatre-vingts lieues de là ; en conséquence, il prend six mille hommes de l'élite de son armée, laisse
le reste sous le commandement d'un lieutenant, auquel il ordonne de rester en observation jusqu'à son retour et de ne laisser
pénétrer aucun des siens dans le camp ennemi ; il part le soir, et
en six jours et six nuits de marche forcée, il arrive au camp de
Livius, y entre à l'improviste ; le lendemain les consuls livrent
combat à Asdrubal ; Néro repart après la victoire, revient avec
la même promptitude en son camp, sans qu'Annibal ait été in-
formé de son absence. Toute cette expédition, dont la hardiesse
fit trembler Rome, avait été bien conçue. . .

donne par ce sanglant trophée la première et triste nouvelle de la mort d'un frère impatiemment attendu.

Livius, de retour à Rome, après ce brillant exploit, y reçut les honneurs d'un éclatant et juste triomphe (1), et fut, peu d'années après, appelé aux honneurs de la censure avec son même collègue au consulat (2).

Tant de gloire et de succès ne firent point oublier l'offense que ce libérateur de sa patrie avait autrefois reçue de ses concitoyens ; cette âme remplie de fiel ne respirait que le désir de la vengeance, pour d'anciens torts si noblement réparés. La censure de Livius fut marquée par des traits d'une excessive sévérité ; elle le fut même par une discorde scandaleuse entre les deux censeurs. Livius aggrava les charges accablantes du peuple, en augmentant l'impôt du sel ; il nota d'infamie toutes les tribus (hors une seule) (3) pour l'avoir condamné malgré son innocence, puis pour l'avoir élevé au consulat et à la censure.

L'augmentation de l'impôt du sel causa un mécontentement général : un autre tribun du peuple voulut traduire de nouveau Livius devant l'assemblée de la nation ; mais le sénat étouffa prudemment

(1) Livius triompha à la tête de son armée. Néro, éloigné de la sienne, ne reçut que les honneurs de l'ovation, quoiqu'on lui dût la victoire.

(2) Trois ans après, sous le consulat de Cornélius Cethegus et de Sempronius Tuditanus, 204 ans avant Jésus-Christ.

(3) La tribu qui ne l'avait point condamnée.

cette affaire, et les Romains bornèrent leur vengeance contre l'impitoyable censeur en le surnommant *Salinator*.— Revenons de cette digression.

Nous avons dit ailleurs, Messieurs, que les maires, sans y être obligés, même par les lois, devaient éprouver l'utilité sans cesse renaissante de tenir des états exacts de la population de leur commune ; nous leur ferons observer que la tenue d'un registre matricule, indiquant la position civique et politique de chaque habitant ; remplit bien mieux leur objet ; ils y trouvent les documens nécessaires, au moyen des mutations, pour fournir avec exactitude le dénombrement quinquennal de la population de leur commune, devant servir à celui de toute la France, avec les divisions d'âge et de sexe (1). C'est pour l'établissement de ce dénombrement général qu'il est établi, dans chaque localité, des recensemens annuels dont les relevés sont centralisés au ministère ; MM. les maires sont spécialement chargés de les fournir. Voilà l'utilité bien prouvée d'un registre civique (2); établi par colonnes, il sert encore aux opérations préparatoires : 1° de la garde nationale ; 2° du jury ; 3° des élections de députés ; 4° des conseillers de département, d'arrondissement et de commune ; 5° du recrutement de l'armée.

MM. les maires sont obligés, par devoir, de délivrer un grand nombre de certificats, réclamés par di-

Registre de la population générale d'une commune.

Recensement annuel.

Certificats à délivrer par les maires.

(1) Ordonnance du 16 janvier 1832.

(2) La tenue de ce registre était prescrite par le décret du 17 janvier 1806 ; notre nouvelle Charte n'en parle pas.

verses administrations publiques ou invoqués par
des déplacemens particuliers ou par l'indigence de
leurs administrés. Cette partie essentielle des fonctions du maire demande, de sa part, de la perspi-
cacité, de la probité et surtout de la fermeté, car
on exige, à cet égard, une sorte de complaisance qui
peut être abusive. Nous allons en donner ici une
nomenclature abrégée.

1° Certificat de vie, propre aux rentiers viagers
ou pensionnaires, soit de l'Etat, soit de la liste
civile (1); ce certificat se délivre aussi par les notaires certificateurs.

2° Certificat de résidence aux rentiers dont les
créances sont perpétuelles et non liquidées ; ce certificat doit être visé par le sous-préfet et soumis à
l'enregistrement dans les dix jours du visa (2).

3° Certificat pour les imposés qui ont droit à la
décharge des droits de patente pour faux emploi
aux rôles.

4° Autre certificat pour ceux de ces imposables
qui ont droit à descendre d'une ou de deux classes.

5° Autre certificat pour ceux qui ont droit à la
réduction du droit fixe, en cas d'erreur à leur préjudice, dans la désignation de la profession portée
au rôle.

6° Autre certificat pour les indigens et les insol-
vables qui ont droit à une surséance indéfinie au
paiement des droits de patentes et à toutes poursuites.

(1) Loi du 22 floréal an 7 (bulletin 278).
(2) Art. 10 de la même loi.

7° Certificat aux patentables qui cessent d'exercer leur profession ou qui cèdent leur commerce dans le cours de l'année.

8° Certificat aux personnes qui commencent l'exercice d'une profession ou forment un établissement de commerce, après la clôture de la liste des patentables et du rôle des patentes (1).

9° Un certificat aux personnes qui changent leur domicile, pour les faire jouir dans leur nouveau séjour des droits politiques et civiques dont ils profitaient dans leur ancien domicile.

10° Un certificat ou attestation de bonne conduite sur livret ou sur feuille volante, à défaut de livret, aux apprentis, compagnons, hommes de confiance (2), domestiques *ou autres*, quittant un domicile pour aller habiter une autre commune ou voyager en d'autres contrées ; ce certificat constatant la conduite morale de l'individu. Cette pièce sert aux ouvriers d'arts et de métiers à les faire bien accueillir et à leur faire trouver de l'ouvrage avec plus de facilité ; aux hommes de confiance et aux domestiques à leur procurer de l'emploi ou des maîtres ; ce certificat sert aux jeunes gens qui veulent servir de remplaçant ; enfin, il assure, à tous ceux qui en sont porteurs, la protection et les égards de l'autorité ; mais il ne doit pas être donné légèrement, ou par faiblesse, ou dans la blâmable intention

(1) Loi du 1er brumaire an 7 (bulletin 24).

(2) Ne délivrer ces certificats aux apprentifs et compagnons des ateliers et fabriques, que lorsqu'ils justifient de leur congé d'acquit envers leur maître ; loi du 22 germinal an 12.

de débarrasser la commune d'un mauvais sujet ; il vaut mieux, en ce cas, s'abstenir et n'en point délivrer (1).

11° Certificat ou acte de notoriété à délivrer pour constater l'abandon d'un enfant aliéné, afin d'obtenir son entrée dans un hospice civil ou autre établissement : il se délivre sur la déclaration de sept habitans de la commune (2).

12° Divers certificats pour obtention de secours près des bureaux de bienfaisance : 1° aux ouvriers qui, vivant habituellement du travail de leurs mains, sont accidentellement et momentanément privés de ce travail ; 2° aux familles à qui des malheurs imprévus viennent instantanément enlever leurs moyens d'existence ; s'assurer dans ces deux cas que l'abandon du travail et les malheurs sont bien réels pour ne favoriser ni l'oisiveté ni la fraude ; 3° aux personnes atteintes d'infirmités passagères auxquelles l'état de leur fortune ne permet pas d'appliquer au traitement les remèdes convenables ; procurer à ces infirmes, soit à domicile, soit dans un établissement public, le secours du médecin, de la sage-femme, que l'administration rétribue à cet effet ; 4° aux malheureux qui se trouvent abandonnés et privés de tout appui dans la société, comme les enfans trouvés, les vieillards, les incurables. Messieurs, l'administration doit mettre, dans la distri-

(1) Loi du 22 germinal an 12 (bulletin 270) ; loi du 21 mars 1832 sur le recrutement.

(2) Réglement du 6 août 1821.

bution de ces secours, la sage intelligence qui sait les proportionner aux besoins, aux circonstances et à la position des indigens ; car donner à tous indistinctement, c'est doter la profession de mendiant; mais donner aux seuls nécessiteux, c'est s'acquitter, au contraire, d'un devoir envers l'humanité, c'est payer, pour une administration, la dette de la société; porter des consolations dans le sein des familles, y distribuer les secours de la bienfaisance, c'est la perfection de la charité publique (1).

13° Des certificats aux militaires qui, surpris par des maladies graves au moment de rejoindre leurs corps, ne peuvent ni se mettre en route, ni être transportés dans un hôpital militaire : on prévient par ces certificats, des déclarations de désertion.

14° Autres de capacité, de fortune et de moralité aux habitans qui désirent obtenir des hospices des jeunes enfans naturels qui y sont élevés.

15° Certificat de vie aux membres de la Légion-d'honneur pour toucher leur traitement.

16° Des certificats de légalisation de tous les actes des officiers publics, domiciliés dans leur arrondissement communal, comme sur toutes les pièces signées, en leur présence, par leurs administrés.

17° Autres aux indigens dans l'impossibilité de

(1) Décret du 19 mars 1793, rapporté par l'art. 12 de la loi du 7 frimaire an 5 (bulletin 94); titre 5 de la loi du 24 vendémiaire an 2, circulaire du ministre de l'intérieur du 29 frimaire an 10.

12

payer aucune espèce d'impôt ni de condamnation judiciaire à l'amende et aux frais.

18° Aux militaires en congé qui sollicitent, pour des causes graves et réelles, une prolongation de congé.

Les administrations des contributions, et particulièrement celles de l'enregistrement, se plaignent, en général, de la facilité avec laquelle MM. les maires délivrent des certificats d'indigence, surtout pour échapper au paiement des amendes et des dépens de condamnations de délits forestiers et de simples contraventions, et M. le ministre de la guerre de celle avec laquelle on en accorde aux militaires absens (1).

Des incompatibilités. Il y a incompatibilité des fonctions de maire et d'adjoint avec celles : 1° de préposé à la levée des contributions directes et indirectes (2); 2° de receveur communal; 3° de receveur d'octroi municipal; 4° avec celles des administrations forestières; 5° du service des douanes; 6° des postes; 7° des messageries (3); 8° des employés militaires en activité; 9° avec celles de receveur des hospices civils dont le maire a la police (4).

Elles sont incompatibles avec le service de la garde nationale (5).

(1) Circulaire du ministre de la guerre du 11 août 1832.
(2) Décret du 22 décembre 1789, section 2, art. 7 et 8.
(3) Loi du 14 vendémiaire an 3, tit. 2, art. 3.
(4) Arrêté du 19 vendémiaire an 12.
(5) Loi du 21 mars 1831 sur les élections, art. 8.

Ainsi, ne peuvent être maires ni adjoints :

1° Les membres des cours et tribunaux de première instance et de justice de paix ;

2° Les ministres des différens cultes ;

3° Les militaires et employés des armées de terre et de mer en activité de service et en disponibilité ;

4° Les ingénieurs des ponts et chaussées et des mines en activité de service ;

5° Les agens et employés des administrations des finances et des forêts ;

6° Les fonctionnaires et employés des collèges communaux et les instituteurs primaires ;

7° Les commissaires et agens de police ;

8° Les gardes champêtres et agens salariés du maire (1);

9° Les gardes nationaux et officiers de cette garde qui désirent continuer le service actif doivent opter (2).

Les juges suppléans aux tribunaux de première instance et les suppléans des juges-de-paix peuvent être maire ou adjoint.

Dans les chefs-lieux de canton où il n'y a point de commissaire de police, les fonctions de maire et d'adjoint sont difficiles à concilier avec celles d'huissier ; car l'adjoint faisant l'office du ministère public près le tribunal de simple police, l'huissier peut être appelé à poursuivre, au nom de la vindicte

(1) Art. 7 de la loi du 21 mars 1833 sur les élections.
(2) Art. 8 de loi précitée.

12*

publique, ceux qu'il a lui-même cités, de signifier et d'exécuter ensuite le jugement; enfin, dans le cas où il y a partie civile en cause, il peut être aussi appelé à citer pour et contre, quoique ne devant requérir que pour l'une des parties.

LIVRE IV.

LE MAIRE CONSIDÉRÉ COMME OFFICIER DE L'ETAT CIVIL.

Nous avons vu jusqu'ici le maire administrateur et protecteur né de la commune, officier de police judiciaire et délégué de l'administration publique; nous allons désormais le considérer comme officier de l'état civil, et dans cette nouvelle attribution apprécier toute la gravité, l'importance et les nombreux détails de cette fonction ; commençons :

« Trois grandes époques constituent l'état des Considération « hommes et sont la source de tous les droits civils : générales. « la naissance, le mariage et le décès. »

« Lorsqu'un individu reçoit le jour, il y a deux « choses qu'il importe de constater : le fait de la « naissance et la filiation. »

« Le mariage a pour but de perpétuer régulière- « ment l'espèce et de distinguer les familles; il faut « donc des règles qui impriment à ce contrat un ca- « ractère uniforme et légal. » _

« La mort rompt les liens qui attachaient l'homme

« à la société ; en cessant de vivre il transmet des
« droits (1). »

Les naissances, les mariages, les décès sont donc
soumis à des règles qui leur sont particulières quoique régis par des principes généraux.

L'Assemblée Constituante, voulant rendre la validité des actes civils indépendante des dogmes
religieux, établit pour tous les Français, sans distinction, un mode de constater les naissances, les
mariages, les décès ; et non pas que cette grande assemblée ait eu la pensée d'ôter à ces actes la solennité
de la sanction du ciel, qui leur donne un caractère
plus imposant, « car c'est dans de telles occurrences
« que nos espérances et nos craintes ont toujours
« appelé les secours de la religion, établie entre le
« ciel et la terre, pour combler l'espace immense qui
« les sépare; d'ailleurs la religion se glorifie elle-même
« d'avoir été donnée aux hommes, non pour changer
« l'ordre de nature, mais l'ennoblir et la sancti-
« fier (2). »

Actes civils.   L'assemblée législative organisa ce principe; elle
ne statua pas seulement sur la forme des actes, elle
régla encore les conditions du mariage. Tout ce que
sa législation contenait d'essentiel sur la forme des
actes a été conservé et maintenu par notre Code
civil, aujourd'hui en vigueur ; mais il a fait subir à
cette législation les modifications et les additions

(1) M. Thibaudeau, exposé des motifs sur la présentation de la
loi sur les actes de l'état civil.

(2) Le célèbre Portalis, exposé des motifs de la loi sur les mariages.

dont l'expérience démontrait la nécessité ; ces modifications, sans déroger au principe, donnèrent plus de perfectionnement et de développement à la règle (1) : nous n'en donnerons point l'explication parce qu'elle dépasse la limite dans laquelle nous voulons nous renfermer.

La déclaration de 1736 n'avait exigé que la tenue d'un seul registre pour tous les actes, mais tenu en double ; la loi de 1792 en exigea trois, aussi en double, un pour les naissances, un pour les décès, un pour les mariages ; ces deux modes ont été laissés facultativement par la loi nouvelle (2) : il y a même un plus grand nombre de registres dont nous aurons occasion de parler.

Registres.

« La nécessité de conserver et de distinguer les fa-
« milles a dès long-temps introduit chez les peuples
« policés des registres publics, où sont consignés la
« naissance, les mariages et le décès des citoyens (3).

« On a écarté ainsi la difficulté et le danger des
« preuves testimoniales ; on a donné un titre authen-
« tique à la possession, garanti les citoyens contre la
« perte, les ommissions ou l'inexactitude des titres
« domestiques ; la grande famille s'est constituée gar-
« dienne et dépositaire des premiers et des plus es-
« sentiels titres de l'homme ; il ne naît point en effet
« pour lui seul ni pour sa famille, mais pour l'Etat ; en
« constatant sa naissance l'Etat pourvoit à la fois à

---

(1) M. Thibaudeau, alors conseiller d'Etat, exposé ci-dessus cité.
(2) M. le comte Siméon, alors tribun, aujourd'hui pair de France.
(3) Le même orateur.

« l'intérêt public de la société et à l'intérêt privé de
« l'individu. »

Ces registres sont communs à toutes les familles,
par quelque rang, quelques fonctions, quelques richesses qu'elles soient distinguées. Destinés à marquer les trois grandes époques de la vie, ils nous
rappellent que nous naissons, que nous nous repro-
duisons, que nous mourrons tous selon les mêmes
lois ; que la nature nous crée égaux, sans nous faire
pourtant semblables ; que les dissemblances proviennent d'une organisation plus heureuse ou mieux
cultivée, du droit de propriété, des institutions et
des conventions sociales, qui, si elles ne sont pas
de droit naturel proprement dit, n'en sont ni
moins respectables ni moins nécessaires (1).

Notre révolution trouva les registres de l'état civil entre les mains des prêtres ; il paraissait naturel
que les mêmes hommes dont on allait demander les
bénédictions et les prières, aux grandes époques dont
nous venons de parler, en constatassent les dates,
en rédigeassent les actes et les procès-verbaux. « La
société ajouta sa confiance à celle que leur avait accordée la piété chrétienne, » elle eut rarement lieu
de s'en plaindre ; les registres de l'état civil étaient
bien et fidèlement tenus par des hommes dont le
ministère exigeait de l'instruction et une probité
scrupuleuse ; d'ailleurs, leur conduite, qui était sur-
veillée par les lois comme celle de tous les autres
citoyens, était encore garantie par la sanction plus

(1) M. le comte Siméon.

spéciale de la religion qu'ils enseignent. Messieurs, je serais fâché d'affaiblir, par aucune réflexion personnelle, le témoignage législatif et public qui leur en a été rendu à la tribune nationale : la justice est le domaine de tous.

Le grand principe de la tolérance religieuse admis dans nos lois, la déclaration de la liberté de tous les cultes et celle que la religion catholique romaine n'était plus dominante, quoique professée par la majorité des Français, ont dû faire changer cet état des choses; on ne pouvait plus obliger les familles qui ne la suivent pas à recourir à ses ministres, à l'époque des événemens qui excitent le plus leur intérêt. La nation ne pouvait, comme les individus, se diviser en sectes, elle a donc dû établir pour les citoyens des registres et des officiers dont ils pussent se servir sans répugnance.

D'ailleurs, quand les Français eussent professé le même culte, il eût été bon de marquer fortement que l'état civil et la croyance religieuse n'ont rien de commun; que la religion ne peut ôter ni donner l'état civil; que la même indépendance qu'elle réclame pour ses dogmes et pour les intérêts spirituels appartient à la société pour régler et maintenir l'état civil et les intérêts temporels (1).

C'est donc sur cet axiome et avec raison que l'Assemblée Constituante (2) a confié au pouvoir mu- *Le maire officier de l'état civil.*

(1) Exposé des motif, lors de la présentation de la loi sur les actes de l'état civil.

(2) Art. 7, tit. 2, de la constitution de 1791.

nicipal (1) les attributions des officiers publics chargés de la tenue des registres des actes de naissance, de mariage et de décès.

Or, les maires, étant dépositaires exclusifs de l'autorité municipale, ont été constitués seuls officiers de l'état civil de leur commune (2), et comme tels, chacun dans l'étendue de son territoire est personnellement tenu de constater les naissances, les mariages, les dissolutions de mariages, les décès, d'en dresser les actes, d'en tenir les registres, d'en délivrer les extraits, qui seuls en font la preuve.

Comment ils sont suppléés. Ce n'est qu'à leur défaut, ou en leur absence, que leurs adjoints peuvent remplir les fonctions d'officier de l'état civil.

Ils les remplacent en cas de mort, de révocation, de suspension; dans ce cas le remplacement est de droit, tandis que, dans ceux d'absence momentanée ou de maladies ou autres, il n'est qu'accidentel.

Dans quel cas. Ils le remplacent encore quand il s'agit de dresser un acte personnel au maire, à l'un de ses parens ou alliés en ligne directe, à tous les degrés, et en ligne collatérale jusqu'au degré d'oncle et de neveu inclusivement (3), ou lorsque le maire se présente comme partie, déclarant ou témoin dans l'acte, il est de principe qu'il ne peut le rédiger.

Lorsque le maire est présent et non empêché, son

(1) Loi du 20 septembre 1792.

(2) Loi du 28 pluviose an 8, arrêté des consuls du 19 floréal an 8, et Code civil, tit. 2, chapitre 1er.

(3) Circulaire du ministre de la justice du 20 mai 1807, et du ministre de l'intérieur du 30 juillet, même année.

adjoint ne peut le suppléer en cette qualité qu'en vertu d'une délégation.

Les maires étant seuls dépositaires des registres, ils n'en sont déchargés que par le dépôt fait au greffe du tribunal de première instance aux époques périodiques fixées par le Code.

Les maires sont soumis, en ce qui regarde la tenue des registres et actes de l'état civil, à la surveillance et aux instructions du procureur du roi; ils dépendent, sous ce rapport, du ministère de la justice.

Ces magistrats n'en restent pas moins subordonnés, même en cette partie, aux préfets et aux sous-préfets.

Dans ce cas, les instructions qu'ils reçoivent, toujours comme officiers de l'état civil, émanent des divers ministères; car les instructions sur leurs attributions, en général, émanent du ministère de l'intérieur.

Il ne leur est point accordé de garantie administrative dans l'exercice de ces fonctions spéciales. Il faut bien leur dire ici que les poursuites qu'ils peuvent encourir ne les subordonnent pas à l'autorisation préalable du gouvernement, ainsi consacrée par un arrêt solennel de la Cour de cassation (1), qui porte « que les maires peuvent, pour cause de contravention dans l'exercice de leurs fonctions comme officiers de l'état civil, être poursuivis sans l'autorisation du gouvernement. »

(1) Arrêt du 11 juin 1807.

Les officiers de l'état civil, rédacteurs et conservateurs de ce que les parties leur déclarent, n'exercent aucune juridiction ; ils ne sont que des instrumens passifs (1); renfermés dans le cercle que la loi leur a tracé, ils ne doivent ajouter aux actes aucune déclaration de leur propre chef, aucune énonciation ni note quelconque (2).

Dispositions communes à tous les actes, registres et à leurs annexes.

1.° Les trois registres des actes de l'état civil doivent être tenus doubles et sur papier timbré sous peine d'amende, côtés et paraphés par le président du tribunal de première instance (3).

Contenu des actes.

2.° Ils doivent contenir et énoncer dans chaque acte : 1° l'année, le jour, l'heure même où l'acte est reçu ; 2° les prénoms, noms, âge, profession, domicile de toutes les personnes qui y figurent, en ayant soin toutefois d'indiquer la profession particulière de la femme, si elle diffère de celle du mari, et si l'un ou l'autre, ou tous deux, étaient sans profession, de le mentionner ; 3° énoncer encore les titres reconnus par les lois, comme celui de grand officier, commandant, officier et membre de la Légion-d'honneur, etc., qui appartiendraient à l'une des parties.

3.° Les actes ne doivent contenir rien de plus que ce que doivent déclarer les parties et leurs comparans (4).

4.° Les témoins inscrits à l'acte doivent être âgés

(1) Art. 35 du Code civil.
(2) Rapport fait au corps législatif par les orateurs du gouvernement, lors de la proposition de la loi du 11 ventose an 11.
(3) Circulaire ministérielle du 13 mai 1810.
(4) Art. 57, 76 et 79 du Code civil.

de vingt-un ans accomplis, du sexe masculin et choisis par les parties (1).

Les registres de l'état civil doivent être tenus sans aucun blanc, et tous les actes reçus par les maires y être inscrits à leur date. La loi interdit au maire toute inscription d'un acte sur feuille volante; cette contravention l'expose à l'application de la peine de l'emprisonnement (2).

Inscription sur les registres des actes reçus.

Les ratures doivent y être comptées, approuvées en marge, et de préférence, à la suite de chaque acte; il en doit être de même des renvois; il ne doit y être rien écrit par abréviation et aucune date n'y doit être mise en chiffres (3).

Chaque acte doit avoir, en chiffres cette fois, son numéro d'ordre au registre (4).

La rédaction n'en est complète qu'autant qu'elle a été écrite en entier sur les doubles du registre auquel il appartient.

L'inscription sur un seul registre et la signature en blanc constituent une grave irrégularité; elle peut même donner lieu, sans aucune intention criminelle, à des nullités et même à des faux. MM. les officiers de l'état civil doivent donc se mettre en garde et ne pas commettre une faute qui compromettrait aussi gravement leur honneur et leur responsabilité.

---

(1) Art. 35 du Code civil.

(2) Art. 42 et 52 du même Code; l'art. 192 du Code pénal, prononce un emprisonnement d'un à trois mois et l'amende de 16 à 200 francs.

(3) Art. 42 du Code civil.

(4) Art. 1er de l'ordonnance du 26 novembre 1823.

Ils doivent, avant les signatures, donner lecture et même interprétation des actes (s'il y a lieu) aux parties et aux comparans, ou à leur fondé de pouvoir spécial, en présence de tous, puis leur faire signer l'acte, mentionner ceux qui ne voudraient ou ne pourraient pas le faire, avec les causes d'empêchement, et le signer eux-mêmes en leur présence (1).

Autres actes à inscrire sur les registres en entier ou par extrait.

Indépendamment des actes que les maires reçoivent comme officiers de l'état civil, ils doivent insérer sur les registres, en entier ou par extrait, suivant les cas : 1° les actes de reconnaissance des enfans naturels nés dans leur commune, lorsque ces actes ont été reconnus par d'autres fonctionnaires.

2° Ceux de naissance, de mariage, de décès, passés aux armées ou en mer, relativement à des personnes de leur commune ou à des enfans de ces personnes.

3° Les actes de mariage des personnes de leur commune, passés en pays étrangers et dont à leur rentrée en France elles demanderaient la transcription.

4° Les actes d'opposition formés à des actes qu'ils auraient à célébrer.

5° Les divers jugemens ou arrêts rendus par les tribunaux de première instance ou les Cours royales en matière d'adoption, de déclaration, d'absence, d'interdiction, d'opposition, de rectification des registres ou d'autres cas analogues concernant des personnnes de leur commune.

(1) Art. 38 et 39 du Code civil.

6° Enfin généralement tout ce qui, sous le nom d'*annexes* des actes et registres de l'état civil, doit être produit pour justifier les énonciations.

Toutes les insertions ci-dessus mentionnées doivent être faites dans le corps même des registres de l'état civil, et en outre mentionnées en marge de chacun des actes auxquels elles se rapportent.

Ces insertions et mentions marginales doivent être soigneusement portées sur les deux doubles des registres.

Ces registres doivent être clos et arrêtés à la fin de l'année, et déposés, l'un aux archives de la commune, l'autre au greffe du tribunal, dans le mois de janvier suivant (1).

Le procès-verbal de clôture, énonçant le nombre d'actes inscrits, doit être porté, sans laisser aucun blanc, immédiatement après le dernier acte inscrit et signé par le maire le dernier jour de l'année au soir, et lorsqu'il n'y a point eu d'acte inscrit sur le registre pendant l'année, il doit suivre de même celui d'ouverture, et constater qu'il n'y a pas eu d'acte de dressé.

Dans les communes subdivisées, où des adjoints délégués remplissent les fonctions d'officier de l'état civil pour des hameaux séparés, le maire de la commune chef-lieu se fait remettre par les délégués les registres particuliers duement clos et arrêtés par eux, avec leurs tables et annexes; il leur en donne décharge, les réunit aux registres qu'il a person-

Mentions marginales des actes reçus.

Clôture et dépôt des registres.

_____

(1) N°·4 de l'ordonnance du 26 novembre 1823.

nellement tenus et fait du tout le dépôt indiqué.

Les greffiers des tribunaux remettent aux maires et sans frais le récépissé de chaque dépôt annuel; ils conservent ce récipissé aux archives de la commune.

Dans la première quinzaine du mois de janvier, chaque registre de l'état civil est terminé par une table annuelle de chaque commune et alphabétique de tous les actes y contenus.

Tous les dix ans les tables sont refondues en une table décennale de chaque commune (2).

Ces dernières tables sont à la charge du greffier dépositaire; il en doit adresser copie à tous les maires dans les six premiers mois de la onzième année; ces derniers doivent les réclamer en cas d'oubli.

Les tables annuelles sont tenues, comme les registres, sur papier timbré, aux frais de la commune; le maire les certifie, les signe et les remet au greffe en un seul et même cahier avec le registre auquel chacune d'elles appartient.

Lorsque le maire est dans le cas de se déplacer, soit parce que l'enfant nouveau né ne peut être porté à la mairie sans danger pour lui, soit parce que les personnes à marier, ou l'une d'elles, est infirme ou malade, soit enfin parce qu'il s'agit de décès survenu dans un hôpital ou dans une prison, l'apport des registres au lieu où l'acte va être reçu est la suite obligée du déplacement du maire; mais, dans ce cas, la réintégration aux archives de la mairie doit suivre immédiatement la passation de l'acte.

(1) Décret impérial du 20 juillet 1807.

Lorsque le tribunal de première instance ou la cour royale ordonnent l'apport à leur greffe de l'un des registres de l'année courante, le maire, dans la quinzaine de la signification du jugement ou de l'arrêt, doit exécuter ce qui suit :

Registres à dresser supplémentairement.

1° Se procurer le papier timbré nécessaire pour le registre du reste de l'année, et en attendant continuer sur le registre courant qui lui est demandé l'inscription des actes qu'il passe.

2° Faire coter et parafer par le président du tribunal de première instance la suite de ce registre, y faire mettre le procès-verbal d'ouverture avec mention de la cause pour laquelle cette suite est nécessaire.

3° Clore ensuite et arrêter le registre demandé.

4° Indiquer au procès-verbal de cette clôture la cause pour laquelle elle est faite avant la fin de l'année.

5° Porter à la suite de ce procès-verbal la table alphabétique.

6° Faire ensuite le dépôt du registre au greffe du tribunal ou de la cour qui le demande ou qui le requiert, et en prendre récépissé.

7° Porter, du jour de son arrêté, sur la suite de ce registre, les nouveaux actes qu'il reçoit et leur donner pour numéro la suite de la série du registre déposé.

Les frais d'établissement de ces nouveaux registres sont liquidés par le tribunal ou la cour, et mis à la charge, soit de la partie qui succombe dans le procès, soit de la régie des domaines et de l'enregistrement si le condamné est insolvable.

Frais de ces registres.

ANNEXES DES REGISTRES DE L'ETAT CIVIL.

Objet des annexes.

La dénomination d'*annexes* est donnée aux diverses pièces qui doivent être produites pour justifier les énonciations ou les rectifications des actes et registres de l'état civil.

Cette dénomination indique suffisamment qu'elles doivent demeurer annexées aux actes dont elles dépendent; leur dépôt accompagne celui des registres de l'état civil.

L'officier de l'état civil ne doit recevoir que des annexes ayant les caractères suivans d'authenticité :

1° Les arrêts ou jugemens, expédiés par les seuls greffiers des cours et tribunaux qui les ont rendus (1).

2° Les actes de l'état civil, des parens de ceux dont il s'agit de dresser l'acte de naissance, de mariage ou de décès doivent l'être soit par les maires des communes dans lesquelles ont été passés les actes à produire comme *annexes* soit par les greffiers des tribunaux, dépositaires des doubles registres de ces communes (2).

3° Les expéditions des actes administratifs émanés des sous-préfets, doivent être signées par eux.

4° Par les secrétaires généraux ou les conseillers en faisant les fonctions, les expéditions des actes émanés des préfets.

5° Par le notaire, l'expédition de l'acte passé de-

(1) Art. 1040 du Code de procédure civile.
(2) Avis du Conseil-d'Etat du 2 juillet 1807.

vant lui (1), assisté de son collègue ou en présence de deux témoins.

6° Par le notaire, dépositaire d'une minute (2), lorsque toutefois cette minute a le caractère d'authenticité.

7° Par les officiers militaires, faisant fonctions d'officiers de l'état civil aux armées, l'expédition de l'acte civil qu'ils ont dressé.

8° Enfin, par les dépositaires d'expéditions, de tous actes de l'état civil dressés en pays étrangers, suivant les formes tracées par les lois de ce pays, et lorsque ces expéditions ont été délivrées par ceux qui, dans ce pays, ont qualité pour les signer et les fournir.

Mais une partie de ces expéditions ne doivent être reçues par les maires qu'après légalisation, savoir : Leur légalisation.

1° Lorsque leur commune est située hors du territoire dans lequel a droit d'agir le fonctionnaire qui a délivré l'expédition.

2° Lorsque l'acte a été expédié par un officier spécial ou public, ou étranger.

La légalisation d'une annexe d'acte d'état civil doit, pour être complète, attester la vérification des signatures, la qualité des signataires, et être revêtue du sceau de l'autorité qui a légalisé et de celle qui a délivré l'acte.

Le droit de légalisation appartient :

1° Au tribunal de première instance de l'arron-

(1) Loi du 25 ventose an 11, art. 9 et 21.
(2) Art. 21 de la même loi.

ssement : 1° pour les expéditions des actes de l'état civil, passés par les maires dans l'intérieur du royaume ; 2° pour les expéditions des actes des notaires ; 3° pour celles délivrées par les greffiers de ces tribunaux.

2° Au juge ou au président d'une cour royale, lorsque l'expédition est délivrée par le greffier de cette cour.

3° Aux préfets, pour les expéditions délivrées par leurs secrétaires généraux, ou par ceux qui les remplacent, ou par les sous-préfets de leur département.

4° Au ministre ou à son délégué, pour celles délivrées par un officier public et spécial selon le ministère dont il ressort, et pour les expéditions délivrées par des officiers publics d'un pays étranger.

Traductions exigibles. Les maires ont le droit d'exiger la traduction, par un traducteur juré, des actes ou de la légalisation des actes non écrits en langue française, et, à défaut d'un traducteur juré, sous le serment spécial d'un autre traducteur.

Lorsque ces magistrats doutent de l'observation des formes dans un acte venant d'un pays étranger, ils peuvent exiger qu'on la prouve, soit par un acte de notoriété, soit par un certificat des agens diplomatiques ou consuls français, duement légalisé.

Procurations. Les procurations sont aussi des annexes aux actes de l'état civil dans lesquels ont figuré des fondés de pouvoirs; on n'en doit admettre que de spéciales, c'est-à-dire, que pour l'objet du mandat.

Parafe, con- Les maires doivent faire parafer toute annexe

par la personne qui la produit, et la parafer eux-mêmes ; si la personne ne sait ou ne peut écrire ils le mentionnent sur l'annexe.

servation et dé-pôt des annexes.

En aucun cas ils ne doivent se dessaisir d'une annexe, même en faveur et sur le récépissé de ceux qui la leur ont remise.

Ils la conservent avec soin , par devers eux, pour en faire le dépôt au greffe du tribunal, avec et à l'appui du double des registres de l'état civil de l'année.

MM. les maires, en contrevenant aux dispositions que nous venons de rapeller, s'exposent à une amende qui ne peut excéder cent francs (1), indépendamment des dommages et intérêts envers les parties, s'il y a lieu.

Règles géné-rales.

Si les registres de l'état civil ont été perdus ou s'il n'en a pas existé, les naissances, les mariages et les décès peuvent se prouver par les papiers ou registres émanés des pères et mères décédés, et, à défaut de papiers, par témoins (2).

Aucun droit n'est dû aux maires pour la rédaction des actes et leur inscription sur les registres ; ils n'en peuvent percevoir que pour les expéditions (3).

Les actes de naissance, mariage et décès ne sont pas soumis au droit d'enregistrement (4).

(1) Art. 50 du Code civil.

(2) Avant l'entrée en fonctions des autorités municipales nouvellement élues ou nommées , l'auteur de cet entretien a été délégué pour vérifier les registres des actes de l'état civil de son canton ; il a vu grand nombre d'annexes sur lesquelles on avait omis cette formalité.

(3) Loi du 12 juillet 1807, art. 4.

(4) Loi du 28 frimaire an 7, art. 70, § 3, n° 8.

ACTES DE NAISSANCE.

Nous allons parcourir ici, Messieurs, la série des dispositions relatives aux actes de naissance.

MM. Les maires ne doivent recevoir sur les naissances : 1° que les déclarations des personnes ayant qualité pour les faire, ou de mandataires porteurs de procurations spéciales ou régulières (1).

2° Lorsqu'il y a procuration pour faire la déclaration de naissance, elle sera annexée à l'acte civil (2).

3° Ils doivent exiger, au besoin, l'extrait des registres civils constatant les mariages des père et mère.

4° Renvoyer devant les tribunaux, pour faire ordonner l'inscription au registre de toute naissance non déclarée dans les trois jours francs (3).

5° Recevoir la déclaration de la mère, si elle est accouchée inopinément, étant seule; mais recueillir tous les renseignemens à l'appui de cet accouchement et en rendre compte au procureur du roi.

6° Dresser, sans différer, l'acte de naissance lorsque la déclaration est faite dans les trois jours.

7° Suivre dans la rédaction les prescriptions légalement ordonnées (4).

8° Dans un cas de péril imminent, le maire peut se transporter dans la maison où se trouve le nouveau né (5).

(1) Art. 56 du Code civil.
(2) Art. 36 et 44 du même Code.
(3) Avis du Conseil-d'Etat du 12 brumaire an 11.
(4) Art. 56 et 57 du Code civil.
(5) Loi du 20 septembre 1791, tit. 3, art. 6.

9° Il ne peut rédiger d'office l'acte de naissance d'un enfant nouveau né, dont la naissance n'a pas été déclarée; dans ce cas il la fait connaître au procureur du roi, afin qu'il provoque le jugement nécessaire pour la réparation de cette omission (1).

10° Il ne doit pas inscrire non plus la déclaration de naissance d'un enfant qui lui paraît avoir plus de trois jours, mais il provoque et attend un jugement pour faire l'inscription.

11° Indépendamment du déclarant, il doit exiger encore la présence de deux témoins pour inscrire l'acte de naissance (2).

12° Lorsque, par hasard, la mère est accouchée dans une autre commune que celle de son domicile, le maire adresse une expédition de l'acte à l'officier de l'état civil de ce domicile, qui est tenu de l'inscrire sur son registre et d'y annexer cette expédition.

13° S'il naît dans la commune un enfant trouvé, de père et de mère inconnus, le maire recueille tous les renseignemens qui pourraient un jour aider à le faire reconnaître de ses parens (3). Enfans trouvés.

14° Il dresse, dans ce cas, le procès-verbal prescrit par le Code civil, y désigne le lieu où l'enfant a été trouvé, ainsi que le jour et l'heure, y inscrit son signalement, les signes ou marques qu'il peut avoir sur le corps, son sexe, son âge apparent,

(1) Conséquence de l'art. 56 du Code civil.
(2) Conséquence des art. 56, 51 et 39 du même Code.
(3) Art. 58 du même Code.

ses vêtemens ou langes et leurs marques, tous autres papiers trouvés sur lui, les étiquettes, numéros ou autres indications du dépôt de ces objets, les noms donnés à l'enfant, l'autorité qui va en être chargée ; enfin tout ce qui peut faciliter un jour la reconnaissance.

15° Il fait signer ce procès-verbal par le déclarant et autant que possible par des témoins.

16° Dans le cas où l'enfant aurait d'abord été porté dans un hospice, il faut constater au bas du procès-verbal la remise qui en est faite au maire par les administrateurs de l'hospice ou par tout homme public quelconque; y ajouter tous les renseignemens possibles, le signer avec ceux qui remettent l'enfant et le procès-verbal commencé dans l'hospice.

17° Inscrire, dans tous les cas, le procès-verbal sur chacun des doubles registres des actes de naissance et l'y annexer.

18° Dresser ensuite l'acte de naissance de l'enfant trouvé, en suivant les formalités prescrites, sauf les circonstances relatives à la différence de position : c'est-à-dire y énoncer que l'enfant est né de parens inconnus; que les noms lui ont été donnés par le maire et non par la personne qui a trouvé l'enfant ou par les administrateurs de l'hospice (1) qui l'ont reçu avant sa présentation au maire.

19° Si l'enfant paraît avoir plus de trois jours, ne

(1) Loi du 20 septembre 1792, tit. 3, art. 11 ; circulaire du ministre de l'intérieur du 30 juin 1812, et loi du 11 germinal an 11.

pas dresser l'acte de naissance avant un jugement qui l'ordonne, comme il a déjà été dit ; se borner, dans ce cas, à l'inscription du procès-verbal dans ses détails.

20° S'il apparaît au maire que déjà un acte de naissance a été dressé dans une autre commune pour cet enfant trouvé, vérifier ce fait, et, s'il est exact, se borner à l'inscription du procès-verbal de présentation, avec mention de l'avis de cette inscription à donner au maire qui avait dressé l'acte de naissance pour qu'il l'annote en marge de cet acte.

1° Le maire doit constater la naissance des enfans naturels comme celle des enfans légitimes, sauf les exceptions suivantes : *Enfans naturels.*

2° N'admettre le bâtard simple comme reconnu par le père qu'autant que celui-ci fait la reconnaissance et la signe en l'acte, soit en personne, soit par un mandataire porteur de sa procuration spéciale ; dans ce cas donner à l'enfant le nom du père qui se déclare. *Bâtard simple.*

3° Hors ce cas, énoncer en l'acte de naissance que le père est *inconnu*.

4° Lorsque la mère se fait connaître, mentionner dans l'acte ses noms, prénoms, profession, âge et domicile (1).

5° Lorsqu'au contraire la mère ne veut pas se faire connaître, énoncer en l'acte que l'enfant est aussi de mère *inconnue*.

6° N'admettre la mère, ou toute autre personne

---

(1) Art. 57 du Code civil.

chargée par elle de présenter l'enfant , qu'à lui donner ses prénoms; c'est au maire à lui donner son nom.

Enfans adultérins et incestueux. 7° Rejeter, à l'égard de l'enfant adultérin ou incestueux, toute déclaration qui tendrait à constater ou faire soupçonner l'adultère ou l'inceste.

8° Cependant si le père, libre de tout lien, se présentait, le nommer et le désigner dans l'acte.

9° Et si la mère, libre ou non de tout lien, se présentait, la désigner en l'acte seulement par son nom personnel et ses prénoms, sans y ajouter aucune énonciation indiquant l'adultère ou l'inceste.

10° Lorsque la mère est mariée, ne point l'admettre surtout à déclarer que l'enfant n'est point de son mari (1); au contraire, inscrire l'enfant sous le nom de ce dernier, sauf à lui à se pourvoir devant les tribunaux.

Jumeaux. 1° Le maire doit dresser un acte séparé pour chacun des jumeaux.

2° Admettre sans difficulté pour les deux enfans, le même déclarant et les mêmes témoins.

3° Constater en l'acte de naissance, sur l'attestation de ces derniers, lequel est sorti le premier du sein de la mère et lequel le second.

4° Lorsque ce sont des enfans trouvés et que rien ne constate qu'ils sont jumeaux, procéder à l'acte de naissance comme s'ils avaient été trouvés séparément.

Enfans présentés sans vie. 1° Lorsqu'un enfant est présenté sans vie, le

(1) Loi du 19 floréal an 2, et art. 312 du Code civil.

maire doit toujours rendre compte du fait et de ses circonstances au procureur du roi.

2° Dresser l'acte de sa naissance comme tout autre de même nature (1), lorsque l'enfant décédé lui est présenté dans les trois jours de sa sortie du sein de sa mère.

3° Relater dans cet acte les déclarations recueillies sur les circonstances de la naissance et sur ce qui pourrait indiquer si l'enfant est né viable.

4° Mais si cet enfant décédé est présenté au maire après les trois jours de la naissance (2), attendre, pour en dresser l'acte, que le procureur du roi l'ait fait autoriser par jugement s'il y a lieu (3).

Il doit établir la corrélation entre les actes de naissance et de décès des enfans présentés sans vie, et cela par deux notes marginales aux registres de l'état civil, renvoyant de l'un à l'autre des registres.

Nous verrons, Messieurs, en traitant le chapitre des mariages, ce qu'il sera dit touchant la reconnaissance des enfans avec légitimation.

Les officiers de l'état civil doivent admettre la reconnaissance des bâtards simples, savoir :

1° Soit avant la naissance (4);
Soit durant la vie ;

Actes de reconnaissance des enfans naturels et bâtards simples.

(1) Décision du ministre de la justice du 25 mars 1806, et décret du 4 juillet même année.

(2) C'est-à-dire à dater du quatrième jour.

(3) Conséquence du décret du 4 juillet 1806.

(4) L'art. 906 du Code civil établit en principe que l'enfant qui est dans le sein de la mère est réputé né lorsqu'il s'agit de son intérêt.

Soit après leur mort naturelle (1) ou civile (2).

2° Admettre, après une première reconnaissance, celle qu'une autre personne voudrait faire du même enfant, sans se mêler de la contestation entre les deux prétentions.

3° N'entrer, de même, dans le mérite d'aucune discussion sur la question de savoir si celui ou celle qui se présente pour reconnaître un bâtard simple est apte, ou non, à faire un tel acte ; se contenter du droit apparent de cette personne et recevoir l'acte de reconnaissance.

4° N'avoir pas même égard à une opposition signifiée régulièrement, surtout si, du retard apporté à la reconnaissance, il devait résulter péril en la demeure.

5° Renvoyer les prétendans, les opposans ou les contestans devant les tribunaux, seuls juges compétens de toutes ces questions d'état civil (3).

6° MM. les maires se rappelleront que la reconnaissance d'un enfant naturel peut être faite par procuration authentique, mais spéciale (4).

7° Lorsque l'acte de reconnaissance ne fait qu'un avec l'acte de naissance, il est reçu par le maire du lieu.

8° L'acte, dans toute autre circonstance, peut

(1) Art. 332, 756, 757, 758 et 759 du Code civil.
(2) Conséquence de l'art. 23 du même Code.
(3) Art. 339 du même Code.
(4) Dans tout ce qui concerne les actes de l'état civil, le mandataire doit toujours être porteur d'une procuration authentique, surtout spéciale.

être reçu par le maire d'une autre commune, ou par tout officier de l'état civil ou public, tel que notaire, juge-de-paix, résidant dans quelque lieu que ce soit, même à l'étranger, pourvu qu'il soit enregistré, qu'il ait le caractère d'authenticité déja allégué.(1) et qu'il soit légalisé suivant le cas.

9° Sont à désigner, dans l'acte d'un enfant naturel, le lieu, le jour, l'heure de sa naissance, son sexe, les prénoms à lui donner ; les noms, prénoms, profession, domicile, âge du père ou de la mère qui se présente, ou des témoins, pour le signer ensuite avec eux tous.

10° Lorsque le maire du lieu de la naissance en est requis, il est tenu d'inscrire, sur les doubles du registre de naissance, l'acte de reconnaissance qui est présenté en bonne forme, d'en faire mention en marge de l'acte de naissance et de l'annexer au registre (2).

11° En cas d'omission sur le registre de l'acte de naissance, il doit alors se borner à l'inscription de l'acte de reconnaissance qui lui est présenté en bonne forme, et attendre, pour faire la mention marginale, que le rétablissement de l'acte de naissance ait été ordonné par jugement.

12° Et si l'acte de reconnaissance diffère dans quelque énonciation de l'acte de naissance, n'en pas moins laisser intacts les deux actes, sauf à opérer la rectification après jugement.

(1) Art. 336 du Code civil.
(2) Art. 62 du même Code.

13° Opérer gratuitement l'inscription de l'acte de reconnaissance sur les registres de l'état civil, car il n'est dû de droit que pour l'expédition.

14° A la fin de l'année et à la suite de la table annuelle du registre des naissances, les actes de reconnaissance reçus ou transcrits dans l'année, doivent être portés afin qu'ils soient aussi compris sur les tables décennales (1).

Actes d'adoption.

1° Lorsque dans les trois mois de l'arrêt d'une cour royale sanctionnant un acte d'adoption, l'inscription de cet acte au registre des naissances du lieu du domicile de l'adoptant est requise du maire par l'une des parties, il doit l'effectuer sur le vu d'une expédition en forme de cet arrêt, le viser, dresser procès-verbal du tout, signer avec la partie requérante le procès-verbal et l'inscription de l'acte d'adoption sur le registre, après lui en avoir donné lecture, et annexer au registre l'expédition de l'arrêt.

2° Le maire doit refuser l'inscription de l'arrêt, si elle est demandée après le délai de trois mois qui est de rigueur, l'adoption devant, dans ce cas, rester sans effet (2).

3° Le maire ne doit transcrire au registre un acte d'adoption contenu dans un testament qu'autant que l'adoption a été approuvée par un arrêt de cour royale (3).

4° Il doit admettre l'adoptant à requérir, en per-

(1) Décision du 3 nivose an 9.
(2) Art. 359 du Code civil.
(3) Conséquence des art. 355, 356 et 357 du Code civil.

sonne ou par un mandataire spécial, l'inscription de l'acte d'adoption.

5° Faire figurer aussi sur l'acte alphabétique, à la fin de l'année et à la suite des actes de naissance, ceux d'adoption.

6° Mentionner les actes d'adoption en marge des actes de naissance, si ces derniers ont été reçus dans la commune.

Dans tout ce que nous venons de dire sur la constatation des naissances, vous aurez sans doute remarqué, Messieurs, les sages prévisions de la loi, les précautions infinies qu'elle a prise pour assurer l'état de tous les individus. *Considérations morales sur les naissances.*

L'enfant qui naît dans le mariage est un présent que les parens font aux mœurs et à l'Etat ; fruit et récompense de l'union des époux, il est par eux accueilli avec allégresse et transport ; leurs amis, leurs voisins, prennent part à leur joie et la société consigne honorablement dans ses registres son avénement à la vie et l'accroissement d'une famille (1).

Heureux, Messieurs, lorsque l'exemple des vertus domestiques, une instruction soignée, des principes religieux, dégagés de tout esprit d'intolérance, l'amour et la pratique du travail, font de ce jeune enfant un citoyen estimable qui dote la société des fruits de son éducation.

Plus heureux encore, lorsque l'infortune, qui saisit tant d'êtres sur la terre, ne vient pas inter-

(1) M. le comte Siméon, rapport au tribunat.

rompre le cours de son existence paisible, détruire le germe du bien que les leçons de l'enfance avaient cultivé dans son cœur, et le précipiter, par la voie du crime, dans ces cloaques affreux où la société renferme ceux qui la troublent et la déshonorent.

Naissances illégitimes, prévoyance de la loi.

« Mais le mariage ne produit pas seul des enfans, il en naît d'unions furtives et illégitimes; les uns sont avoués par leurs deux parens, à d'autres il ne reste que leur mère, d'autres enfin orphelins dès leur naissance, abandonnés par leur père, qui, peut-être, n'a conservé aucune relation avec leur mère, repoussés du sein qui les porta, ils paraissent n'appartenir à personne; ce ne sont pas moins des hommes; plus ils sont isolés, plus la grande famille leur doit de protection et d'aisance (1). »

La loi a dû s'occuper de ces êtres d'autant plus intéressans qu'ils sont délaissés; aussi elle l'a fait avec la sollicitude d'une tendre mère qui veille sur l'existence de ses enfans; c'est aussi pourquoi elle a voulu que l'on donnât des soins particuliers à la rédaction des actes qui les concernent, sans cependant les séparer sur les registres des enfans légitimes; mais afin de produire et de faciliter, pour l'avenir, toutes les preuves de la paternité et de la filiation.

Appartenir à une famille, être légitime, être reconnu par un père hors du mariage, ce sont là des modifications de l'état, des distinctions purement civiles et arbitraires, uniquement fondées sur les

(1) M. le comte Siméon.

mœurs de chaque peuple ou sur la volonté du législateur; c'est l'état particulier ou l'état de l'individu; mais avoir droit à la liberté, à la cité, à la protection des lois, c'est l'état public, l'état du citoyen. Tous les membres de la société en sont investis, de quelque manière qu'ils viennent; c'est dans ce sens qu'ils sont égaux.

C'est encore pour cela que la loi ordonne d'énoncer avec le même soin et dans les mêmes registres (comme nous l'avons vu) la naissance des enfans légitimes et illégitimes présentés par leurs parens, quels qu'ils soient, ou recueillis par une main bienfaisante ou par la commisération publique; la loi a donc été pour ces derniers, non seulement prévoyante, mais affectueuse (1).

DES MARIAGES.

Nous naissons pour reproduire; c'est le vœu de la nature et le besoin de la société; il est donc de son intérêt de régler, d'encourager les mariages et de veiller à leur preuve. Voyons, Messieurs, comment le législateur a rempli ce but. *Dispositions relatives aux mariages.*

Sont des motifs de prohibition de mariage: *Des prohibitions.*

1° La différence de couleur;

2° Le divorce entre les mêmes parties;

3° Un précédent mariage annulé entre les mêmes parties;

4° L'adultère;

(1) Esprit de l'exposé des motifs, lors de la présentation de la loi sur les actes de l'état civil.

14

5° La parenté légitime ou naturelle ;

6° L'alliance ou l'affinité ;

7° La parenté adoptive.

Des interdictions. Les interdictions absolues sont :

1° L'engagement dans les ordres sacrés (1) ;

2° La mort civile.

Les interdictions temporaires sont :

1° La non expiration du délai durant lequel une veuve ne peut être admise à convoler à de secondes noces ;

2° L'existence d'un premier mariage non dissout ;

3° Le défaut d'âge ;

4° Le défaut de raison ;

5° La condamnation à une peine afflictive ou infamante.

Du domicile en fait de mariage. 1° Le mariage doit être célébré par le maire du domicile de l'un des futurs époux ;

2° Le domicile s'établit par six mois de domicile sans interruption dans la même commune (2).

3° Le mariage peut être célébré dans une autre commune lorsque l'un des futurs époux y a un domicile réel.

4° Si les deux futurs époux n'ont ni domicile réel ni six mois de domicile continué dans la même commune, le maire agit convenablement en demandant, par l'intermédiaire du procureur du roi, l'autorisation du ministre garde des sceaux, lorsque

---

(1) Arrêt de la cour royal de Paris du 14 janvier 1832, confirmé par un arrêt récent de la Cour de cassation.

(2) Art. 72 du Code civil.

l'intérêt des mœurs lui paraît réclamer de ne pas ajourner le mariage (1).

Les hommes au-dessous de vingt-cinq ans et les femmes âgées de moins de vingt-un ans ne peuvent se marier sans consentement qui est donné : Des consentemens à donner.

1° Par le père et la mère, s'ils sont tous les deux vivans ; Aux enfans légitimes.

2° Par le père seul en cas de dissentiment ;

3° Par l'époux survivant en cas de décès de l'un des deux ;

4° Par l'un des époux, lorsque l'autre est dans l'impossibilité de manifester sa volonté ;

5° Par l'un des époux présens, lorsque l'autre est absent sans qu'on sache ce qu'il est devenu, et sans pour cela qu'il soit nécessaire d'avoir une autorisation de justice ;

6° En cas de mort des père et mère, par l'aïeul et l'aïeule de chacune des deux lignes paternelle et maternelle ;

7° Par l'aïeul seul en cas de dissentiment entre l'aïeul et l'aïeule de l'une des lignes ;

8° Par le survivant, en cas de mort de l'un des deux ;

9° Par l'un d'eux, lorsque l'autre est dans l'impossibilité de manifester sa volonté ;

10° Le consentement peut être donné seulement d'une des deux lignes, en cas de contestation et de dissentiment entre elles ;

11° Il est donné par celui des aïeuls et aïeules de

(1) Titre 3, livre 1er, art. 102, 109 et 111 du Code civil.

14*

la ligne survivante, lorsque les aïeux de l'autre sont morts;

12° Par l'un des aïeux (à défaut de père et de mère) si l'autre est absent sans qu'on sache ce qu'il est devenu;

13° Par la mère remariée, sans qu'elle ait besoin, à cet effet, d'être autorisée par son nouveau mari; c'est un hommage rendu par les lois positives au droit sacré de la nature : touchante dérogation du droit commun!

14° Par le conseil de famille aux mineurs des deux sexes âgés de moins de vingt-un ans, lorsque tous les ascendans sont morts ou dans l'impossibilité de manifester leur volonté.

Le conseil de famille ne peut donner son refus sans le motiver par un acte de délibération, sur lequel les tribunaux prononcent (1).

Aux enfans naturels.

Les maires ne peuvent pas non plus procéder au mariage d'un enfant naturel mineur, âgé de moins de vingt-un ans, quel que soit le sexe, sans le consentement : 1° du père et de la mère qui en ont fait la reconnaissance légale, s'ils existent tous deux;

2° De celui du père ou de la mère, s'il n'a été reconnu que par l'un d'eux (2);

3° D'un tuteur *ad hoc*, si le père et la mère sont morts ou hors d'état de manifester leur volonté.

Lorsque le tuteur donne un refus, le maire ne peut passer outre à la célébration du mariage sans exiger un jugement du tribunal qui l'ordonne ou l'autorise.

(1) Art. 176, 177, 178 du Code civil.
(2) Art. 148, 149 et 158 du même Code.

L'enfant naturel, âgé de vingt-un ans accomplis, dont le père et la mère sont morts ou dans l'impossibilité de manifester leur volonté, n'a besoin d'aucun consentement pour se marier (1).

Il en est de même des enfans naturels non reconnus qui ont atteint cet âge, s'ils n'ont point été placés dans un hospice, ou s'ils n'y sont plus au moment où ils veulent se marier ; mais s'ils sont encore mineurs, il leur faut, comme aux enfans reconnus, le consentement d'un tuteur *ad hoc*, et celui de la commission administrative de l'hospice, lorsqu'ils y existent encore au moment où ils veulent contracter mariage, et, en cas de refus, ils doivent produire un jugement d'autorisation (2). Non reconnus.

Les enfans adoptifs, restant, malgré l'adoption, dans leur famille naturelle et y conservant leurs droits, n'ont à produire d'autres consentemens que ceux dont nous venons de parler et suivant leur position (3). Aux enfans adoptifs.

MM. les maires ne doivent admettre aucun acte de consentement à moins qu'il ne soit en forme authentique, suivant les explications sus-énoncées, qu'il ne contienne les indications exigées par le Code civil (4), qu'il ne fasse connaître le degré de parenté existant entre le futur époux et la personne de qui émane ce consentement au mariage. Du contenu et de la forme des actes de consentement.

L'acte donné par un conseil de famille et par une

(1) Art. 177, 178 et 159 du Code civil.
(2) Loi du 15 pluviose an 13, art. 1er, 2 et 3 ; Code civil, art. 159, 177 et 178.
(3) Code civil, art. 348.
(4) Même Code, art. 34 et 73.

commission d'hospice est nécessairement séparé de l'acte de mariage, tandis que les pères, mères, aïeux, aïeules, tuteurs *ad hoc,* ou leurs mandataires spéciaux, peuvent donner leur consentement dans l'acte même de mariage, s'ils se présentent en personne à la célébration.

Ces actes de consentement sont compris dans le nombre des annexes nécessaires aux actes de mariage.

Actes respectueux. Les maires sont personnellement responsables, sous les peines portées par la loi (1), de la scrupuleuse observation des dispositions prescrites relativement aux actes respectueux, donnés par les enfans légitimes ou légitimés, naturels légalement reconnus, âgés les hommes de vingt-cinq ans accomplis, et les femmes de vingt-un ans également accomplis, qui se présentent devant eux pour se marier (2).

Les enfans naturels reconnus, n'ayant plus de père ni de mère, ne sont tenus à aucun acte respectueux, car ils n'ont pas d'autres ascendans.

Ces actes sont des annexes des actes de mariage.

Des empêchemens. Les causes d'empêchement à ce que les ascendans manifestent leur volonté sur le mariage de leurs enfans sont :

1° La mort naturelle ;

2° L'absence ;

3° L'état de démence ;

4° L'état de maladie ;

5° La privation des droits civils.

(1) Art. 157 du Code civil, prononçant une amende et un emprisonnement d'un mois au moins.

(2) Voir les art. 152 à 158 du Code civil, sur les actes respectueux.

La preuve de la mort d'un ascendant dont le consentement serait requis ou à qui l'acte respectueux serait dû se fait 1° : par la production de l'acte de son décès; 2° dans l'impossibilité de cette production, par celle des registres de ses père et mère ou de tous autres titres qui constateraient sa mort; 3° par la déclaration des aïeux et aïeules; 4° par un acte de notoriété passé devant un notaire ou un juge - de - paix, en présence de témoins produits par les parties; 5° par la déclaration des quatre témoins appelés à la célébration de l'acte de mariage, déclaration faite sous serment devant le maire et mentionnée dans l'acte (1).

Ce magistrat doit exiger : 1° pour le cas d'absence de l'ascendant (2), l'une des preuves indiquées par le Code civil;

2° Pour le cas de démence, une expédition du jugement d'interdiction, qui doit suffire jusqu'à production du jugement de main-levée de l'interdiction;

3° Pour le cas de maladie, en y comprenant l'état de démence non encore suivi d'un jugement d'interdiction, le procès-verbal dressé en présence de deux témoins, par le médecin ou l'officier de santé chargé par le maire de la visite du malade, et signé par les trois;

4° Enfin, pour le cas de privation des droits civils, l'expédition du jugement de condamnation et celle du procès-verbal d'exécution : toutefois on ne men-

(1) Avis du Conseil-d'Etat du 4 thermidor an 4.
(2) Art. 155 du Code civil.

tionne, dans l'acte de mariage, l'ascendant condamné autrement que comme un absent dont on
ignore l'existence et le domicile.

Tous ces différens actes sont encore au nombre
des annexes nécessaires aux actes de mariage.

Des publica-
tions.

La publication des mariages est formellement
prescrite par le Code civil (1). On ne peut y suppléer par rien; l'omission, ou une irrégularité en
ce qui la concerne, compromet la responsabilité du
maire (2).

Ce magistrat en tient un registre en simple expédition et sur timbre, coté et paraphé comme les
registres des actes de l'état civil; il le dépose annuellement au greffe du tribunal avec les autres
annexes des registres de mariage (3).

Ces publications ont lieu dans les deux municipa-
lités où résident les futurs époux; elles ne sont sou-
mises à aucun droit, de même que leur inscription
au registre, si l'on en excepte le timbre des affiches (4).

Le maire doit donner lecture des actes et de
l'affiche de publication, qui en est l'extrait, devant
la maison commune et, dans les lieux où il n'y en pas,
comme dans les petits villages, dans la maison qui
en tient lieu; enfin dans les places de réunion où se
font ordinairement les autres publications, soit

(1) Art. 63 et 64 du Code civil.
(2) Art. 192   *idem.*
(3) Art. 63   *idem.*
(4) Sur papier de 35 centimes; circulaire du ministre de l'intérieur du 6 août 1807.

dans les communes chefs-lieux, soit dans les hameaux qui en sont séparés et qui ont un officier de l'état civil délégué par le maire.

Les actes des deux publications sont l'un et l'autre inscrits au registre, à leur date, avec toutes leurs énonciations dans leur entier, telles qu'elles sont prescrites par le Code civil (1), si le roi ou ses délégués n'ont pas dispensé de la seconde publication (2).

Les maires qui se permettent de dresser ces actes sans la présence de deux témoins exposent leur responsabilité et se mettent dans le cas d'être poursuivis; ils ne peuvent se faire suppléer par leur secrétaire pour dresser ou du moins pour signer et lire les actes de publications, non plus que pour signer les certificats de publications et de non oppositions; ils déposent à la mairie les dispenses de la deuxième publication.

Ils doivent exiger que les futurs époux leur rapportent les certificats des publications dans les communes ci-après, savoir : 1° *du dernier domicile,* si les futurs n'habitent, ou l'un d'eux, que depuis six mois dans celle où le mariage doit être célébré (3).

Lieux où elles doivent être faites.

2° *De chacune des communes où ils ont résidé durant les six derniers mois, et en outre de la commune du précédent domicile où devra se célébrer le mariage,* si, dans le cours desdits six mois, ils ont habité plusieurs communes (4).

(1) Art. 63 du Code civil.
(2) Art. 169 du même Code , et arrêté du 22 prairial an 11.
(3) Art. 167 du même Code.
(4) Conséquence du même article.

3° *De la commune de chacune des personnes sous la puissance desquelles ils se trouvent relativement au mariage* (1), *lorsque d'ailleurs cette commune est différente de celle de leur propre domicile,* quand, toutefois, les futurs époux légitimes ou légitimés n'ayant point la majorité fixée pour le mariage, ont encore leurs père et mère, et à défaut leurs aïeux; et les enfans naturels reconnus, le père et la mère, ou seulement celui des deux qui en a fait la reconnaissance.

4° *De la commune où réside le tuteur ad hoc* d'un enfant naturel mineur, qui n'a plus de père, ni de mère ou qui n'a pas été reconnu, si elle est autre que celle où doit se célébrer le mariage.

5° *De la commune où se trouve la commission administrative de l'hospice* qui tient l'enfant naturel mineur sous sa tutelle et dans le même cas (2).

6° *Enfin, des communes où résident les femmes de ceux qui ont à donner leur consentement au mariage,* si ces communes sont différentes de celles du domicile de leur mari.

Qui délivre les certificats. — Il est entendu que c'est par les maires des diverses communes où résident ces personnes que les certificats de publication doivent être délivrés, trois jours après la dernière publication, délai accordé aux oppositions au mariage; ces certificats doivent indiquer s'il en est survenu ou non, et mentionner aussi les jours et heures des deux publications.

Ces certificats se délivrent sur papier timbré

(1) Art. 168 du Code civil.

(2) Lorsqu'ils sont moins âgés de vingt-cinq ans le garçon, et de 21 ans accomplis la fille.

(de 35 centimes) (1) dans les communes autres que celle où le mariage doit se célébrer.

Les conseils de famille n'ayant point de domicile, leur intervention, pour le consentement au mariage, ne nécessite aucune publication particulière.

Les maires doivent refuser la publication des mariages lorsqu'ils ont la certitude : 1° que les personnes qui se présentent pour contracter mariage sont dans un des cas de prohibition ou d'interdiction absolue. *Refus ou ajournement de publications.*

2° Lorsque le consentement au mariage est refusé par l'une des parties ou par ceux qui sont appelés par la loi à l'empêcher.

Ils peuvent les ajourner : 1° lorsqu'ils savent que l'un des futurs époux est dans un des cas d'interdiction temporaire du mariage.

2° Lorsqu'ils n'ont pas entre les mains toutes les pièces qui doivent justifier de la régularité du mariage et qu'ils ont des motifs pour en douter.

Mais ils ne sauraient être trop réservés dans la faculté d'ajourner les publications; ils doivent prévenir à l'avance ceux envers lesquels ils se montreraient complaisans ou faciles que, nonobstant les publications, ils ne consentiront à la célébration du mariage que lorsque les parties auront entièrement satisfait au vœu de la loi.

Dans le cas d'opposition au mariage, les fonctions du maire se bornent : 1° à viser l'original des actes *Des oppositions au mariage et de leur main-levée.*

(1) Loi du 28 avril 1816, art. 62 et 67.

d'opposition, lorsqu'ils sont en forme régulière et duement signifiés, tant à lui qu'aux parties (1).

2° A faire sur-le-champ mention sommaire des oppositions sur le registre des publications et en marge de l'acte (2).

3° A suspendre la célébration du mariage jusqu'à la remise de la main-levée des oppositions (3).

4° A faire sur le registre des publications, et en marge de l'inscription sommaire des oppositions, une mention des jugemens ou des actes de main-levée (4).

Mais ce magistrat doit s'assurer, avant de donner son visa sur un acte d'opposition (5) : 1° si cet original et sa copie sont signés, soit de l'opposant, soit d'un mandataire.

2° Si l'original de la procuration donnée au mandataire est aux mains de l'huissier qui signifie l'opposition; si elle est authentique et spéciale; si la signification de l'opposition faite tant à lui qu'aux parties en contient une copie.

3° Enfin, si l'original de l'acte d'opposition constate que la signification en a été faite à la résidence actuelle, tant de la partie sur qui frappe l'opposition, que de l'autre partie.

Les oppositions qui sont survenues après la première publication ne peuvent empêcher les maires de

---

(1) Art. 66 du Code civil.
(2) Art. 67 *idem.*
(3) Art. 68 *idem.*
(4) Art. 67 *idem.*
(5) Art. 65 *idem.*

procéder à la deuxième après les délais qui doivent les séparer.

Lorsqu'il a été signifié au maire un jugement ordonnant la main-levée de l'opposition, il doit célébrer le mariage, à moins qu'on ne lui notifie un acte d'appel.

Il en est de même lorsque l'opposant donne main-levée par acte notarié ou lorsqu'il donne main-levée et la signifie par exploit d'huissier, pourvu que l'original et la copie de l'exploit soient signés par l'opposant ou par son mandataire (1).

Le maire inscrit sommairement à la date de la signification et sur le registre des publications l'acte de main-levée, et fait mention de cette inscription à la marge de celle de l'opposition.

Il arrête la célébration du mariage, lorsque le certificat des publications faites dans une autre commune lui parvient et lui fait connaître une opposition; dans ce cas il se conduit comme si l'opposition lui était faite à lui-même.

Lorsqu'il découvre ou soupçonne gravement des causes d'empêchement au mariage, sans qu'il existe en ses mains une opposition, cédant au scrupule, il refuse le mariage, se laisse assigner, expose ses motifs au tribunal et déclare s'en rapporter à son jugement, auquel il se conforme : ces cas sont rares sans doute, et il faut qu'ils soient fondés sur des soupçons bien graves; mais il suffit qu'ils puissent arriver pour indiquer ici la marche à suivre.

(1) Par procuration spéciale et authentique.

Vérification des pièces.

A l'instant même où le maire reçoit une pièce nécessaire au mariage, il doit s'assurer de sa régularité, en exiger de suite une autre, si toutefois elle n'est pas en due forme, et au besoin renvoyer les parties à se pourvoir devant les tribunaux, s'il y a lieu ; et cela afin que rien n'oblige tardivement à ajourner le mariage, ce qui peut être fort préjudiciable.

Lorsque les pièces ne contiennent que des erreurs très légères, consistant en des discordances peu essentielles dans la manière dont les expéditions de certains actes désignent un même individu, le maire doit admettre comme suffisantes les attestations d'identité résultant des déclarations unanimes à lui faites par les pères, ou mères, ou aïeux, ou tuteurs, ou conseils de familles, ou témoins ; et par suite énoncer en l'acte, sans recourir à des rectifications judiciaires des registres, les noms, prénoms et qualités, conformément à ces déclarations unanimes, dont mention doit être aussi faite dans l'acte (1).

Célébration de mariage.

Lorsque le mariage n'a pas été célébré dans l'année à compter de l'expiration du délai des publications, il ne peut l'être qu'après de nouvelles publications (2).

Le maire célèbre le mariage le jour que les parties choisissent, à moins que ce ne soit un jour férié : cas où il peut s'y refuser.

(1) Avis du Conseil-d'Etat du 30 mars 1808.
(2) Art. 65 du Code civil.

Ce jour doit être postérieur au troisième jour depuis et non compris celui de la deuxième publication ou au moins de la première, s'il y a eu dispense de la deuxième (1).

Les oppositions ne rendent nécessaire aucune addition aux délais de publication; après leur mainlevée le maire procède à la célébration du mariage au vœu des contractans.

Mais cette célébration ne peut avoir lieu avant qu'il n'ait reçu de tous les maires des communes où les publications ont été faites, le certificat de non opposition, délivré postérieurement au troisième jour de la deuxième publication ou de la première, en cas de dispense de la seconde.

Ainsi le maire fixe l'heure de la célébration après la soixante-douzième qui a suivi celle de la deuxième publication, ou de la première, dans le cas de dispense (2).

Le maire ne doit célébrer le mariage, sauf l'exception ci-après : 1° que dans la commune du domicile de l'une des parties (3); 2° que le jour désigné; 3° que dans la maison commune ; 4° qu'en présence de quatre témoins (4); 5° que publiquement (5), sous peine d'une amende.

Est réputée maison commune : 1° dans les petits villages qui n'en ont pas, celle qui en tient lieu ;

(1) Art. 75 du Code civil.
(2) Conséquence des art. 63 et 64 du même Code.
(3) Art. 74 du même Code.
(4) Art. 75   idem.
(5) Art. 165   idem.

2° dans les portions de commune où un adjoint délégué remplit les fonctions d'officier de l'état civil, la maison de cet adjoint.

Il n'est permis de célébrer le mariage dans la maison de l'un des époux que lorsqu'il est infirme ou grièvement malade.

Le rapport signé du médecin, commis par le maire pour constater par écrit l'état de l'infirme ou du malade, est une des annexes nécessaires de l'acte du mariage.

Dans ce dernier cas, le maire dresse sur le double du registre des mariages un procès-verbal relatant la nomination du médecin et son rapport, déclarant, par suite, qu'il va dans la demeure de l'infirme et du malade procéder publiquement à son mariage ; énonçant enfin son arrivée dans cette maison et l'ouverture des portes, par lui ordonnée. C'est à la suite de ce procès-verbal que le maire inscrit l'acte du mariage.

Il doit donner à cette célébration toute la publicité possible, en désignant, dans les publications, la maison où elle aura lieu publiquement et la faisant précéder, par affiches, d'une publication spéciale à la porte de la maison commune et à celle du futur qui est malade, afin d'éviter le moindre soupçon de clandestinité et les poursuites qui pourraient être dirigées contre lui pour ce fait.

Formalités de la célébration. Le maire qui célèbre le mariage doit exiger : 1° la présence des deux futurs époux en personne, nul ne pouvant se marier par mandataire.

2° Celle des quatre témoins en personne ;

3° Des pères, mères ou autres ascendans qui, pour donner leur consentement au mariage, ont préféré intervenir dans l'acte de la célébration, ou bien la présence de leur fondé de procuration.

Ces personnes réunies, il leur donne lecture : 1° des pièces relatives à leur état et aux formalités du mariage ; 2° du chapitre 6 du titre 5 du livre premier du Code civil, qui détaille les droits et les devoirs des époux.

3° Il entend alors les ascendans et les témoins et reçoit leurs déclarations sur l'identité des individus dont les noms et les prénoms seraient diversement indiqués dans les pièces.

4° Il fait ensuite prononcer par les parties, à haute et intelligible voix, la déclaration de leur consentement au mariage et le proclame immédiatement après (1).

5° Lorsqu'il y a lieu à la légitimation d'un enfant naturel par l'acte de mariage (2), il demande aux parties, l'une après l'autre, si elles reconnaissent et légitiment l'enfant naturel né d'eux ; le maire le désigne alors par la lecture de son acte de naissance ; ou il leur demande si elles légitiment l'enfant qu'elles ont reconnu *par acte du..... passé devant..... le.... etc.*

6° Le maire proclame ensuite le mariage, ce cas se présentant.

Indépendamment des énonciations communes à

De l'acte du mariage et de ses annexes.

(1) Art. 75 du Code civil.
(2) Art. 331 du même Code.

15

tous les actes de l'état civil, le maire doit : 1° insérer dans l'acte toutes celles qui lui sont particulières (1).

2° Il le fait signer par tous ceux qui doivent y figurer, et cela avant qu'aucun d'eux se sépare (2).

3° Si l'un des époux ou des comparans nécessaires, ou l'un des témoins, refuse de signer ou se retire pour ne pas le faire, il en dresse procès-verbal sur le registre à la suite des signatures de l'acte et le fait signer par tous.

4° Si le refus est fait avant qu'aucune signature n'ait encore été apposée à l'acte, il porte le procès-verbal immédiatement après l'acte et fait mettre à la suite du tout une seule signature par chacun des signataires.

5° Le maire énonce, dans ce procès-verbal, les motifs du refusant ou son silence sur ces motifs.

6° Il délivre aux époux, pour leur faire obtenir la bénédiction nuptiale par un de leurs prêtres ou ministres (3), un certificat constatant leur mariage civil, et, si le cas s'est présenté ou se présente, il y mentionne le refus de signer dont il vient d'être question.

7° Il porte ce certificat sur papier timbré aux frais des époux (4).

Annexes de l'acte de mariage.

Au moment de la célébration du mariage, le maire

_____

(1) Art. 76, 198, 199 et 200 du civil Code.
(2) Art. 76 du même Code.
(3) Loi du 18 germinal an 10, art. 54.
(4) Sur timbre de 35 centimes.

doit avoir, entre ses mains, les annexes dont le détail suit :

1° *Pour les prénoms, noms, âges, lieux de naissance des époux :*

Les actes de naissances, et, à leur défaut, des
registres ou des titres émanés des pères et mères
décédés, ou des actes de notoriété homologués par
le tribunal.

2° *Pour leur domicile, s'il ne consiste qu'en six
mois d'habitation ou en cas d'incertitude :*

Les preuves que le maire a pu recueillir, celles
d'un service public, d'un passeport, d'un bail, des
quittances de loyer ou de contributions; enfin le
témoignage de personnes connues.

3° *Pour le cas où ils n'ont pas six mois d'habitation, et cependant où il est urgent de les marier :*

L'autorisation du ministre garde des sceaux.

4° *Pour la dispense d'âge accordée à l'un d'eux
ou à tous deux :*

L'expédition de l'ordonnance royale.

5° *Pour les cas de cessation d'empêchement :*

S'il s'agit d'un homme qui a cessé d'être prêtre
avant le Concordat, le certificat constatant qu'il ne
s'est pas mis en communion avec l'évêque depuis le
concordat.

Si l'un des futurs époux est veuf, il doit produire
l'acte de décès qui l'a rendu veuf, ou, à défaut, le
jugement qui a reconnu ce décès.

S'il est divorcé, l'acte de prononciation du divorce.

Si un précédent mariage, par lui contracté, a été

15*

annulé, l'expédition du jugement qui a prononcé cette nullité.

S'il a été relevé d'interdiction, l'expédition du jugement de main-levée.

6° *Pour la dispense de parenté entre les époux*, l'expédition de cette dispense.

7° *Pour les consentemens des ascendans, ou du tuteur ad hoc, donnés par un fondé de pouvoir dans l'acte du mariage*, la procuration spéciale.

8° *Pour les consentemens écrits des ascendans, des tuteurs ad hoc, des commissions administratives des hospices, des conseils de famille,* ces consentemens et l'acte respectueux.

Si les consentemens proviennent d'un ascendant appelé à défaut d'un autre, y joindre les pièces justificatives de l'empêchement de ce dernier ascendant, dans les cas, toutefois, où les déclarations des parties, des comparans ou des témoins ne suffisent pas pour y suppléer.

Il en est de même de l'acte respectueux; si cet acte ne contient pas la réponse de l'ascendant, y annexer la pièce constatant que le notaire n'a pu l'obtenir.

9° *Pour les publications dans les divers domiciles :*

1° Le registre des publications, à l'égard de celles qui ont eu lieu dans la commune du mariage, et 2° les certificats des maires pour celles dans d'autres communes.

10° *Pour les dispenses de la deuxième publication,* ces mêmes dispenses.

11° *Pour les oppositions au mariage :* 1° le registre de publications les énonçant et les exploits qui les ont signifiées dans la commune du mariage ; 2° et pour celles faites dans les autres communes, les certificats des maires énonçant toutes les publications, les oppositions formées en leurs mains ou l'absence d'opposition.

12° *Pour les mains - levées d'opposition ,* les actes de désistement ou de main-levée, signifiés au maire, ou les expéditions des jugemens de main-levée.

13° *Enfin, pour les légitimations, par le mariage, d'enfans antérieurement reconnus par les époux ,* une expédition de l'acte antérieur de reconnaissance.

Messieurs, les législateurs modernes, et particulièrement ceux qui ont présidé à la confection de nos Codes, ont cherché dans la source inépuisable des lois romaines ce qu'il y avait de plus pur et de plus parfait, pour donner à l'acte de mariage, « acte naturel, nécessaire, institué par le Créateur lui-même », toute son importance et sa gravité ; ils ont écarté de ce lien , l'inceste, l'adultère, tout ce qui peut blesser l'honnêteté , les mœurs publiques ; enfin la trop proche parenté, l'affinité aux mêmes degrés ; ils ont mis des entraves aux désunions trop faciles, ils ont donné à la raison l'empire sur le caprice et la légèreté (1), à la faiblesse l'appui, la faveur des lois;

Réflexions sur le mariage.

(1) 1° En donnant au mari l'administration de la communauté ; et forçant l'épouse à cohabiter avec lui, à le suivre partout où il lui

ils ont permis, mais sous des formes imposantes, à la femme offensée dans ses affections les plus séduisantes, maltraitée par un époux infidèle et barbare, d'aller chercher, sous les ailes de la paternité, un refuge protecteur contre la force agissant avec violence et contre l'outrage fait au devoir conjugal. Mais, nos législateurs ont dédaigné, et nous devons ce bienfait à la religion chrétienne, ces mariages contractés sous diverses formes, ces distinctions flétrissantes établies ou plutôt tolérées entre les noces des patriciens, des riches plébéiens et celles de la plèbe commune, du pauvre, de l'affranchi et de l'esclave. Ainsi donc, à côté de la liberté, de ce riche appanage du ciel dont il dote tous les hommes, on voyait à Rome l'affranchissement, sous son bonnet distinct, et l'esclavage, sous l'apparence de ses chaînes, accuser la nature d'injustice et de partialité, et porter leur humiliation jusque dans l'acte civil qui lie les sexes entre eux. Ainsi l'avait voulu la politique orgueilleuse des anciens Romains, libres dans Rome, despotes dans tout l'univers.

La loi française, plus équitable, plus consciencieuse, renfermée dans le cercle des lois divines, n'établit qu'une seule manière de contracter mariage, commune à tous les Français, quels que soient leur rang et leur dignité, entourée pour tous des mêmes formes, donnant des garanties égales à la

---

offre le partage de son bien-être; 2° en permettant à l'épouse maltraitée, avec l'autorisation d'un magistrat judiciaire d'un ordre supérieur, d'aller momentanément habiter la maison paternelle.

société, aux mœurs et aux enfans qui doivent naître de ces unions légitimes.

On célébrait à Rome le mariage par *confarréa-* **Mariages ro-** *tion,* qui voulait dire *par l'usage du même pain ;* **mains.** il était particulier aux pontifs et aux prêtres du paganisme, parce qu'il donnait à leurs épouses le droit d'initiation et même de participation aux choses sacrées.

Le mariage *par coemption* ou *achat réciproque,* lien le plus respectable aux regards des Romains, le plus accompagné de formes, d'emblèmes et de pompes religieuses, et le seul adopté dans les familles patriciennes et autres, qui, vers la fin de la république ou sous l'empire, conservaient encore quelque respect pour les anciens usages.

Le mariage par *cohabitation,* union précédée, pendant une année et plus, d'un commerce illicite et scandaleux entre les jeunes gens des deux sexes ; union devenue la plus commune, dès que la censure cessa ou fut impuissante pour arrêter, dans cette capitale du monde, la licence effroyable des mœurs qui y déborda comme un torrent aussitôt que cette digue fut rompue (1).

Aussi, Messieurs, n'avons-nous point le spectacle douloureux de ces répudiations fréquentes, de ces divorces faciles et multipliés, fruits inévitables et

(1) Il n'y avait point de mariage civil à Rome entre les esclaves, parce qu'ils étaient eux, et leurs enfans, la propriété de leurs maîtres, qui avaient intérêt à les multiplier ; la nature formait leurs liens, leurs mutuelles sympathies en consacraient la durée ; affranchis, se mariaient *par cohabitation.*

malheureux d'une dissolution presque générale et dont nous ne trouvons d'exemples chez aucun des autres peuples de l'antiquité.

Nos institutions, en consacrant et proclamant la tolérance religieuse et la liberté des cultes, ont sécularisé notre législation sur le mariage; mais en isolant de la religion l'acte civil qui le constate, le législateur l'a entouré de formes minutieuses, d'exigences sévères, de précautions utiles, appuyées d'une responsabilité pénale qui en garantit l'exécution et donne au lien du mariage une certitude, une fixité, qui le font triompher des efforts de la mauvaise foi et de l'impudicité.

La loi, tout en respectant les opinions religieuses, ne voit que des citoyens dans tous les Français, comme la nature ne voit que des hommes dans les divers sectaires; elle n'interdit point la solennité religieuse, qui donne à ce contrat la sanction du ciel, au contraire elle y applaudit et la protège; mais elle laisse suivre aux contractans les mouvemens de leur conscience, la foi de leurs pères et leur croyance conformément à leur culte.

Dans sa bienveillante sollicitude, la loi s'est encore occupée de l'état et de l'avenir des enfans nés avant le mariage; elle a ouvert de faciles accès à leur légitimation, et a largement offert aux époux l'occasion de corriger ou de réparer par un vertueux et légitime retour les écarts de la jeunesse et des passions, qui ont précédé le lien du mariage.

Les malheureux fruits de l'adultère et de l'inceste, auxquels il faut ajouter, à regret, ceux qu'une fausse honte, l'oubli du sentiment le plus puissant de la nature, livrent pour toujours à l'abandon (1), ces enfans, dis-je, sont seuls privés de la douceur d'invoquer un jour le nom d'un père ou d'une mère, en s'honorant publiquement et légitimement de ce titre; un rigoureux devoir veut qu'il en soit ainsi (2); mais la patrie adopte ces rejetons du crime, et, sans leur appliquer, dans aucun acte, le sceau de la flétrissure, elle les place au rang de ses autres enfans : heureux ceux qui, par leur conduite, sentent tout le prix de cette adoption et s'en rendent dignes.

DÉCÈS.

Nous avons vu, Messieurs, comment l'homme en naissant prend rang dans la famille et dans l'État, comment il se reproduit légitimement et devient la souche d'une famille nouvelle; voyons maintenant comment nos lois constatent la dernière époque de la vie, celle où la créature va, dans les bras de l'éternité, rendre compte de ses bonnes ou de ses mauvaises actions dans cette vie (3).

Parcourons ici la série des formalités prescrites pour constater les décès.

Déclaration de décès.

---

(1) Du moins l'enfant abandonné peut encore conserver toute sa vie l'espoir d'une reconnaissance ou d'une légitimation, espoir rarement réalisé.

(2) Pour les adultérins et les incestueux.

(3) L'incrédule ne s'armera pas contre nous si, dans un ouvrage destiné à l'éducation, nous proclamons la sublime et consolante idée de l'immortalité de l'âme; cette grande et éternelle vérité du christianisme a été commune à toutes les nations et à tous les âges.

Par qui elles doivent être faites. Les maires reçoivent, par deux témoins, la déclaration du décès, s'il y a lieu : 1° *hors du domicile du mort ;* dans ce cas l'un des témoins doit être la personne chez laquelle le décès est survenu (1) ; 2° *dans les hôpitaux civils et militaires ou autres maisons publiques,* les déclarans doivent être les supérieurs, directeurs, administrateurs et maîtres de ces hôpitaux et maisons (2).

Cette déclaration, doit être faite au maire du lieu du décès dans les vingt-quatre heures au plus tard (3).

3° *Pour l'exécution d'une condamnation à mort,* cette déclaration doit être faite, dans le même délai, par le greffier criminel, qui est tenu d'envoyer, en même temps, tous les renseignemens nécessaires pour la rédaction de l'acte du décès (4).

Lorsque la déclaration du décès est faite après le délai de vingt-quatre heures, le maire doit en rendre compte au procureur du roi.

Lors même qu'elle est postérieure à l'inhumation, le maire ne peut rédiger l'acte du décès ; il doit se borner à rendre compte au même magistrat et attendre qu'un jugement autorise la rédaction de l'acte (5).

Vérification des décès. Les maires ne doivent, en aucune circonstance, se dispenser de faire en personne, à moins d'auto-

(1) Art. 78 du Code civil.
(2) Art. 80 du même Code.
(3) Art. 80, 83 et 84 *idem.*
(4) Art. 84 *idem.*
(5) Avis du Conseil-d'Etat du 12 brumaire an 11.

risation contraire, la vérification prescrite, suivant les cas, par le Code civil (1) ; l'omission de cette formalité compromet gravement leur responsabilité ; l'énonciation, faite dans un acte de décès, de cette vérification lorsqu'elle n'a pas eu lieu, est un faux ; ils s'exposent donc à être recherchés comme complices ou fauteurs d'une mort violente, s'il arrive qu'après l'inhumation on découvre que tel a été le caractère du décès.

Ces magistrats doivent, autant que possible, dans les cas ordinaires, se faire assister, pour la vérification des décès, par un officier de santé qui dresse procès-verbal des signes auxquels il a reconnu que la mort était certaine et des causes auxquelles on l'attribue.

S'il y a soupçon, signe ou indice de mort violente, l'assistance du médecin est de rigueur ; en outre un officier de police judiciaire doit être requis par le maire (2), pour dresser le procès-verbal de l'état du cadavre, des circonstances y relatives et des renseignemens recueillis sur les prénoms, noms, âge, lieu de naissance de la personne décédée (3). Cet officier requiert, s'il y a lieu, la présence d'un officier de santé, fait procéder à l'autopsie du cadavre et dresse procès-verbal qu'il adresse, sans délai, au procureur du roi.

Il est des communes dans lesquelles des médecins

Délégation donnée pour la vérification des décès.

(1) Art. 77 et 81 du Code civil, dont on doit bien se pénétrer.

(2) Dans nos campagnes, c'est ordinairement le juge-de-paix, et dans nos villes le commissaire de police; le maire a aussi qualité pour le faire.

(3) Art. 81 du Code civil (déjà cité).

ou officiers de santé sont spécialement commis à la vérification des décès, dont ils dressent les procès-verbaux, qu'ils remettent au maire ; ce mode remplit le but de la loi et peut suppléer à la vérification faite par les maires, qui, dans les communes populeuses auraient à consacrer tout leur temps à la désagréable visite des cadavres, et négligeraient ainsi les affaires publiques et les leurs (1).

Les procès-verbaux des officiers de santé, lorsqu'il en est dressé, sont des annexes nécessaires à l'acte de décès, même lorsqu'il y a autorisation générale, pour les cas ordinaires, à la vérification des décédés.

Enfans présentés sans vie. Quand le cadavre d'un enfant a été présenté au maire dans les trois jours de la naissance (dont l'acte de naissance a déjà été dressé comme nous l'avons dit), le maire en dresse aussi l'acte de décès avec les formalités prescrites (2), mais en établissant la circonstance qu'il est né viable ou qu'il ne l'est pas.

Lorsque ce cadavre est présenté après les trois jours de sa naissance, et si, par ce motif, il n'a pas été enregistré, l'acte à dresser dans ce cas ne doit pas exprimer que l'enfant est *décédé*, mais seulement *qu'il a été présenté sans vie*. Le maire inscrit cet acte sur le registre des décès à la date de la présentation du cadavre, sans qu'il en résulte aucun préjugé sur la question de savoir s'il a eu vie ou non (3).

(1) Mais ce mode ne peut être adopté qu'après autorisation préalable.

(2) Conséquence de l'art. 1er du décret du 4 juillet 1806.

(3) Art. 1er et 2 du décret du 4 juillet 1806.

Le permis d'inhumation est donné sur papier libre et sans frais, mais comme le décès doit la précéder d'au moins vingt-quatre heures (sauf le cas de putréfaction ou de mort par l'effet d'une maladie contagieuse, cas prévus par les réglemens de police), le permis ne doit être délivré qu'après l'expiration de ce délai, depuis le décès (1).

L'inhumation sans permis est punie de 16 à 50 francs d'amende (2), et sur la plainte portée par le maire au procureur du roi.

L'acte de décès doit contenir : 1° l'année; 2° le jour; 3° l'heure; 4° le lieu où il est reçu; 5° les noms et prénoms; 6° l'âge; 7° la profession de la personne décédée et de l'époux survivant, ou bien si elle était mariée ou en veuvage, ainsi que les professions des déclarans et des témoins.

8° Le domicile de ces derniers;

9° Leur degré de parenté et d'affinité entre eux;

10° Les noms, prénoms, profession, domicile des père et mère du décédé et son lieu de naissance, s'il y a possibilité;

11° La mention de la vérification du décès par le maire, et, suivant le cas, l'assistance de l'officier de santé.

Dans les cas extraordinaires, comme ceux de mort violente, et qui peuvent nuire à la mémoire du décédé ou d'autrui; dans ceux d'exécution à mort ou de décès dans les prisons et maisons de réclusion

---

(1) Art. 77 du Code civil.
(2) Art. 358 du Code pénal.

ou de détention, l'acte de décès ne doit faire aucune mention de ces circonstances.

Dans le cas de mort d'un individu étranger à la commune, le maire doit adresser une expédition de l'acte de décès au maire du domicile du défunt (1), par l'intermédiaire des sous-préfets et des préfets (2).

Le maire de ce domicile transcrit cette expédition sur les deux doubles de son registre des décès, dès qu'il l'a reçue; il informe ensuite de cet événement la famille du décédé et donne aussitôt avis de ce décès au juge-de-paix de son canton, s'il donne lieu à l'apposition de scellés ou à l'élection d'un tuteur ou subrogé tuteur (3).

Lorsque deux jumeaux meurent ensemble au moment de l'accouchement ou que plusieurs personnes meurent également ensemble dans un commun désastre, les maires doivent établir autant d'actes de décès qu'il y a de décédés, et, dans le cas où la rédaction de ces actes leur présenterait des difficultés, en référer aux lumières du procureur du roi, et attendre ses intructions, qui, dans la circonstance, ne se font jamais attendre.

Admirons, Messieurs, dans tout ce qui concerne les décès, la bienveillante protection de la loi qui nous suit et nous protège jusqu'au-delà du tombeau. Elle prend d'abord toutes les précautions compa-

(1) Art. 80 du Code civil.
(2) Ordonnance du 14 décembre 1825, n° 8.
(3) Arrêté du 22 prairial an 5, art. 1er.

tibles avec les regrets et la douleur des vivans pour
que le crime, s'il est commis, n'échappe point aux regards vigilans de l'autorité ; elle veut, en outre, que
la tombe ne puisse recevoir nos dépouilles mor-
telles, que lorsque la mort a bien évidemment saisi
sa victime. Oui, Messieurs, telle est encore sa prévoyance ! le Français n'emporte, dans sa demeure
éternelle, aucune marque de la flétrissure qu'il a pu
mériter sur la terre ; aussi la terre, notre mère
commune, en revendiquant une enveloppe grossière qu'elle va consumer dans son sein, la dérobe
toute entière aux regards de l'avenir, lorsqu'elle n'a
pas attiré un souvenir bienveillant de la postérité.

Le législateur a voulu que l'acte de la naissance,
du mariage et du décès contienne tout ce qui est
essentiel à la preuve de ces faits, mais rien de plus
que ce qui est essentiel. Il a soigneusement exclu
de leur contenu, et particulièrement de celui du décès, tout ce qui peut servir à l'éloge ou à la censure
des actions de la vie ; ainsi le voulaient l'honneur,
la susceptibilité, le repos des familles ! Pourquoi
donner un aliment à de vieux préjugés, dont la
sagesse législative et la raison du temps ont fait
justice ? L'infamie du supplice surtout ne doit pas
suivre au-delà de la borne posée par l'Eternel
à l'existence humaine, le malheureux dont le sang
ou le châtiment d'une autre pénalité infamante
ont satisfait à la sanction de la loi et payé l'outrage
fait à la société.

Mais tous les Français n'habitent pas le sol sacré
de la patrie, comme aussi elle compte des étrangers

dans son sein ; le temple de Janus (1) est heureusement fermé pour la France, nous nous en félicitons ;
mais nos institutions se sont formées aux cris des
enfans de Bellone(2), et les nôtres peuvent encore
un jour aller loin de nos frontières affronter le danger des combats, ou le chercher sur le vaste Océan,
ou dans le bassin des mers plus étroites, et préfé-
rer ainsi la gloire à la vie.

La loi civile française a prévu tous ces cas ; voyons
quelles sont ses prescriptions relativement aux
actes de l'état civil des Français en pays étrangers,
des militaires, et des étrangers en France.

Des Français en pays étrangers. Le Maire, requis de transcrire sur les deux doubles de ses registre un acte de naissance, de décès
et de mariage d'un Français en pays étranger, doit
y procéder immédiatement lorsque l'acte, duement
légalisé et au besoin traduit, est conforme aux prescriptions du Code civil (3).

Lorsqu'il croit que, dans la célébration du mariage à l'étranger, on a violé les dispositions des
articles 63 et 170 du Code civil, il envoie la partie
requérante se pourvoir devant le tribunal compé-
tent, pour faire ordonner la transcription par lui
refusée.

(1) Janus, roi d'Italie, fils d'Apollon et de la nymphe Creuse,
avait reçu la connaissance du passé et de l'avenir ; c'est pourquoi
on le représentait à deux visages. Il avait un temple, à Rome, dont
les portes étaient fermées pendant la paix et ouvertes pendant la
guerre.

(2) Bellone, déesse de la guerre, sœur de Mars.

(3) Art. 47 et 48 du Code civil, et, pour l'acte de mariage, art. 170
et 171.

Lorsque, dans le même cas, l'acte lui a été adressé de l'un des ministères de la justice ou des affaires étrangères, il leur soumet ses doutes par l'intermédiaire du sous-préfet et attend réponse pour exécuter leurs ordres.

Le maire requiert le jugement qui ordonne la transcription de pareil acte sur ses registres ainsi que de tout autre acte de mariage passé en pays étranger : 1° lorsque les deux époux ont, après leur retour en France, laissé expirer plus de trois mois sans requérir cette transcription (1); 2° lorsque la transcription n'est demandée, soit avant, soit après la mort des époux, que par une personne se prétendant être *ayant droit* de l'un d'eux, ou bien lorsqu'elle n'est demandée que par un étranger.

Quand la naissance du fils d'un Français en pays étranger n'y a pas été constatée, le maire, requis d'en dresser l'acte en France, ne peut déférer à cette requête qu'en vertu d'un jugement : il en est de même du décès d'un Français, non constaté en pays étranger (2).

Aucun mariage ne pouvant être contracté en mer, il ne sera question ici que des actes de naissance et de décès.

Français en mer.

Il arrive, parfois, que des actes sont transcrits deux fois sur les registres de l'état civil, savoir : lorsque le bâtiment sur lequel a eu lieu la naissance ou le décès aborde dans un port et n'y désarme

---

(1) Art. 171 du Code civil.
(2) Avis du Conseil-d'Etat du 12 brumaire an 11.

pas, et lorsqu'il rentre définitivement pour désarmer.

Dans le premier cas, le ministre de la marine adresse une copie certifiée de l'acte au maire du domicile du père ou de la mère de l'enfant, si le premier est inconnu, lorsque c'est un acte de naissance, et au domicile du défunt, si c'est un acte de décès (1).

Dans le second cas, le préposé à l'inscription maritime du port de désarmement adresse l'acte au maire de la même commune (2).

Dans l'un et l'autre de ces cas, le maire, dès que l'acte lui est parvenu, l'inscrit sur les doubles du registre, l'y annexe et en donne avis à la famille (3); mais quand l'acte a été transcrit deux fois, ainsi que cela peut arriver, ce magistrat doit avoir soin de noter, en marge de chacune des deux transcriptions, qu'elle est une répétition ou un duplicata de l'autre (4).

MILITAIRES ET MARINS EN ACTIVITÉ.

Leur mariage. Les règles précédentes, relatives aux actes de mariage, s'appliquent aux militaires, aux marins et aux employés aux armées, soit en activité, en réforme ou en retraite, sauf cependant les modifications suivantes :

(1) Art. 60 et 87 du Code civil.
(2) Art. 61 et 87 du même Code.
(3) Art. 61 et 87 du même Code.
(4) Art. 60, 61 et 87 du même Code.

1º La présence au corps, pendant six mois, de tous les militaires en activité de service, suffit pour qu'ils puissent être mariés dans les communes où ils sont en garnison.

2º Leur acte de mariage doit indiquer, dans ce cas, depuis quel temps le militaire est au corps et le corps dans la commune. L'officier sans troupe justifie seulement de la date de l'ordre de son envoi dans la commune, et le maire mentionne cette date dans l'acte de mariage (1).

Les militaires, marins et employés, soumis comme les autres contractans à produire le consentement de leurs ascendans, tuteurs ou conseil de famille, ont à produire, en outre, ceux de leurs chefs, savoir :

Consentemens extraordinaires au mariage.

1º *Celui des conseils d'administration* pour les sous-officiers et soldats en activité.

2º *Du ministre de la guerre :* 1º pour les officiers de tous grades et de tout genre en activité de service dans les armées de terre; 2º de toutes les classes dans l'intendance militaire et dans le service de santé; 3º pour les officiers des bataillons des équipages militaires de tous grades ; 4º pour ceux aussi de tous grades, dans la gendarmerie du royaume; 5º pour ceux de la garde municipale de Paris; 6º enfin, pour les officiers en réforme de ces diverses catégories.

3º *Le consentement du ministre de la marine* est nécessaire : 1º aux officiers et aspirans; 2º aux of-

(1) Instruction du ministre de la guerre du 8 mars 1823.

ficiers d'artillerie de la marine et du génie; 3° aux administrateurs, et généralement à tous les officiers militaires ou civils du département de la marine, soit en activité, soit en réforme.

4° *Le consentement du commandant de la compagnie, approuvé par le colonel, pour les sous-officiers* et gendarmes; en cas de refus, *celui du colonel avec l'approbation du ministre de la guerre.*

5° *Celui du préfet de police de Paris, sur l'avis favorable du conseil d'administration du corps,* pour les sous-officiers et soldats de la garde municipale de la capitale.

6° *Celui du commandant du département,* pour les jeunes soldats non encore incorporés, mais immatriculés dans un corps et laissés dans leurs foyers en attendant leur incorporation (1).

Tout officier de l'état civil qui, sciemment, célèbre le mariage d'un officier en activité ou en réforme, ou d'un sous-officier et soldat en activité de service, sans ces consentemens, ou qui ne les a pas joints à l'acte de la célébration de mariage, encourt la peine de la destitution (2).

Ces permis de mariage sont des annexes à l'acte de célébration.

Afin d'éviter des erreurs à l'égard des officiers ou autres militaires, qui se déclarent en retraite,

(1) Décrets du 16 juin 1808, 3 et 28 août même année, ordonnance du 20 octobre 1820, art. 271 et 272, ordonnance du 27 décembre 1831; instruction du ministre de la guerre du 21 octobre 1818, art. 136, circulaire du 30 décembre 1820.

(2) Décret du 16 juin 1808.

les maires doivent exiger d'eux, avant de les marier, le certificat du commandant de la division, portant qu'ils ne sont plus dans le cas de pouvoir être rappelés au service (1).

Le maire de la commune où a eu lieu le décès d'un militaire étranger à cette commune, ou d'un enrôlé volontaire se rendant à son corps, et qui y est décédé soit à l'hospice soit dans un autre établissement public doit : 1° transmettre au maire du domicile du militaire l'acte constatant le décès.

2° Adresser au préfet tous les papiers dont il était porteur pour que la distribution et l'envoi en soient faits à qui de droit (2).

3° Adresser une expédition de l'acte au ministre de la guerre par l'intermédiaire de l'intendant militaire, à moins que le décès ne lui ait été déclaré par les directeurs des hôpitaux militaires (4).

4° Relater, dans l'acte de décès, le numéro du registre matricule du décédé, numéro que le maire trouvera inscrit, soit sur le billet d'hôpital, d'entrée à l'hospice, en prison, soit dans le livret ou les papiers du militaire (4).

A l'égard des militaires aux armées hors du royaume, y compris les territoires envahis ou en état de révolte (5) et les colonies, la tâche du maire

Militaires morts à l'hôpital ou dans un autre établissement public.

Militaires hors du royaume.

---

(1) Circulaire du ministre de l'intérieur du 29 mai 1816, avec l'instruction du ministre de la guerre y contenue.

(2) Instruction du ministre de la guerre du 20 mai 1818.

(3) *Idem*, du 8 mars 1823.

(4) *Idem*, du 8 mars 1823.

(5) Circulaire du ministre de la guerre du 24 brumaire an 12.

se borne à transcrire les actes qui lui sont envoyés sur les doubles des registres de l'état civil de la commune du dernier domicile des personnes que ces actes concernent.

Il ne doit déférer à la réquisition des parties elles-mêmes et ne transcrire ces actes sur les registres qu'après leur vérification par les bureaux de la guerre ou de la marine, selon les cas.

Mais il les transcrit : 1° littéralement et mot à mot; 2° à la date du jour de leur réception; 3° sans s'inquiéter du mérite de la rédaction ou de la régularité des formes; 4° il transcrit, lors même qu'ils comprendraient plusieurs individus à la fois, ceux de ces actes qui lui sont envoyés de ces mêmes bureaux par l'intermédiaire d'un fonctionnaire de l'armée, chargé de l'état civil (1).

Je ferai observer à MM. les maires que ceux de ces actes qui sont irréguliers sont du moins un commencement de preuve par écrit, dont les tribunaux fixent eux-mêmes la valeur, s'il y a réclamation (2). Il appartient aux maires de signaler au procureur du roi ceux qui leur paraissent être dans ce cas, et particulièrement ceux qui comprennent plusieurs individus à la fois.

Il leur est bien recommandé d'en donner immédiatement et aussitôt leur réception, avis aux familles que ces actes concernent.

(1) Art. 98 du Code civil, et instruction ministérielle du 8 mars 1823.

(2) Même instruction.

Toutes ces expéditions d'actes sont des annexes
nécessaires des registres de l'état civil.

SUITE ET FIN DE L'ETAT CIVIL.

Les Français non catholiques, je veux dire de
tous les cultes, sont soumis à des règles uniformes,
en ce qui concerne l'état civil; cependant il existe,
à l'égard des Juifs, certaines dispositions que nous
allons faire connaître. *Français non catholiques.*

Quand des Juifs ou Juives se présentent pour se
marier, soit qu'ils résident en France depuis long-
temps, soit que, nouvellement arrivés, ils soient
encore dans les délais utiles pour faire la déclaration prescrite par le décret du 10 juillet 1808 (1),
les maires doivent exiger de ces sectaires, avant la
célébration du mariage, de justifier qu'ils ont satisfait à ce décret. *Juifs et Juives.*

Il prescrit, pour ceux qui n'ont ni prénoms fixes,
ni même, parfois, de noms de famille, de faire,
dans les trois mois de la promulgation, adoption
de noms et prénoms et d'en faire la déclaration au
maire de leur domicile (2).

Le décret n'entend, par noms de famille, aucun
de ceux qui se lisent dans l'*Ancien Testament* ni
aucun nom de ville.

Les Juifs ont dû prendre, pour prénoms, ceux des
différens calendriers et ceux des personnages connus

(1) Art. 1, 2 et 6 de ce décret.
(2) Art. 1er du même décret.

de l'histoire ancienne (1), y compris ceux de la Bible (2).

Ce même décret (3) fait cependant une exception à l'égard *des noms et prénoms connus* et constamment portés, en faveur des Juifs qui, lors de sa publication, se trouvaient en France, ou qui s'y sont établis depuis (4).

Les maires des communes où il existe des Juifs ou des Juives ont dû faire exécuter les dispositions suivantes :

1° Ouvrir un registre double, timbré et parafé comme tous ceux de l'état civil, destiné à recevoir les déclarations mentionnées ci-dessus (5).

2° Y inscrire les déclarations des Juifs et Juives majeurs, ou pour les mineurs celles du père, à défaut celle de la mère ou du tuteur.

3° Donner aux majeurs, ayant leur père vivant, le nom du père, aux autres celui qu'ils choisissent, mais le même pour tous les frères et sœurs.

4° Recevoir et porter au registre la déclaration du père, de la mère, ou du tuteur, sur l'époque de la naissance du mineur, et annexer au registre la pièce que l'un d'eux pourrait lui remettre, servant à la constater.

5° Tenir un acte séparé, pour chaque individu,

(1) Loi du 11 germinal an 11.
(2) Circulaire du ministre de l'intérieur du 28 septembre 1813.
(3) Décret du 20 juillet 1808.
(4) Circulaire du ministre de l'intérieur du 8 septembre 1808.
(5) Décret du 20 juillet 1808.

de toutes les déclarations faites à la fois, et faire signer par le déclarant tous les actes dépendans d'une même déclaration.

6° Refuser la célébration de mariage à tous les Juifs et Juives qui ne sont plus dans le délai pour faire la déclaration voulue, jusqu'à production du jugement régulier autorisant la réparation de cette omission.

Passons maintenant, Messieurs, à ce qui concerne l'état civil des étrangers en France.

Étrangers en France.

Nous dirons d'abord, qu'ils sont soumis aux mêmes formalités que les Français pour les actes de naissance et de décès.

Mais pour l'acte de célébration de mariage, nos lois dispensent des actes respectueux et des consentemens l'étranger qui justifie, par certificat valable et authentique, que ces formalités ne sont pas requises par les lois de son pays.

Mariages.

Il est soumis, en France, aux formalités des publications prescrites par les lois françaises, mais il n'est pas tenu de justifier qu'elles ont été faites dans son pays natal, s'il prouve par des certificats également en bonne forme que ces publications n'y sont point en usage.

Du reste il est soumis comme les Français aux autres obligations à remplir pour les mariages.

Lorsqu'un Français épouse en France une étrangère, il est inutile de s'enquérir si une ou plusieurs des formalités prescrites par les lois de son pays, se trouvent ou ne se trouvent pas remplies, dans la célébration de son mariage.

D'un Français avec une étrangère.

D'une Française avec un étranger.

Mais lorsqu'une Française (1) se marie en France avec un étranger, le maire doit, dans l'intérêt de cette française, exiger du futur époux un acte de notoriété ou un certificat en bonne forme, constatant que les lois de son pays ne contiennent aucune disposition prohibitive qui puisse y faire annuler le mariage qu'il contracterait en France conformément aux lois françaises.

Si, malgré le refus que ferait l'étranger de justifier de ce titre, la Française persistait à vouloir se marier avec lui, le maire, plus prévoyant alors que cette imprudente, se pourvoirait devant un tribunal, pour lui faire connaître les motifs qui le portent à exiger de cet étranger l'acte de notoriété ou le certificat dont il s'agit; il déclare qu'il s'en rapporte à la justice, puis exécute le jugement qui en sera rendu quel qu'il soit.

Imprimés de bulletins.

MM. les maires rendraient un service essentiel aux familles, s'ils voulaient se procurer des imprimés de bulletins conformes aux modèles que je joins ici, et les délivrer gratis (2) à leurs administrés, toutes les fois qu'ils ont reçu et inscrit sur les registres des actes civils une déclaration de mariage ou de décès; ces bulletins signés d'eux, serviraient dans de nombreuses occasions à constater l'état civil des individus ; ils éviteraient, en les représentant,

(1) Elle suit la condition de son mari, art. 19 du Code civil; on doit donc prévoir tout l'effet et les suites d'une nullité de mariage.

(2) Ou au moins pour le simple coût de l'imprimé, qui ne peut s'élever au-delà de 5 centimes; mais comme on ne peut les exiger du déclarant, s'il les refuse, lui faire don du bulletin.

les erreurs qui se commettent journellement dans l'orthographe des noms propres, l'omission ou le déplacement des prénoms.

Le jeune militaire, sans rien coûter à sa famille, l'emporterait dans son havre-sac ; le compagnon de métier ou d'arts libéraux l'emporterait dans son porte-manteau, le voyageur dans sa valise, l'indigent dans sa besace; ce bulletin suppléerait à l'omission ou à la perte des passeports, de la feuille de route, ou du certificat d'indigence ; il serait, dans tous les cas, un commencement de preuve par écrit; il éviterait, surtout, ces nombreux actes de notoriété publique, fort coûteux, souvent très difficiles à établir; enfin ces bulletins tendraient à régulariser, avec le temps et avec une extrême précision, l'état civil des Français.

Avant de quitter ce sujet important il nous reste encore à parler de quelques omissions et redressemens subordonnés aux décisions des tribunaux.

Rectifications ou changemens à faire sur les registres de l'état civil.

Je ferai observer à MM. les maires qu'aucune des rectifications ou aucun des changemens ordonnés par les tribunaux ne peut être fait sur le registre de l'état civil auquel il se rapporte.

Lorsqu'un officier de l'état civil est requis de les faire, soit par sommation d'huissier, contenant copie duement signifiée d'un jugement de rectification, soit par simple demande de la partie intéressée, accompagnée de la remise d'une expédition authentique et valable dudit jugement, il doit inscrire le jugement *en entier*, sur les doubles des registres, à la suite du dernier acte inscrit, et, *de plus*, en faire sur le-champ mention en marge de l'acte réformé (1).

Cet officier agirait de même : 1° s'il survenait un jugement rectificatif du premier (il le transcrirait en entier avec la note marginale);

2° A l'égard des jugemens qui, au vu de l'autorisation royale accordant des changemens de noms, en ordonneraient l'exécution sur les registres de l'état civil (2) ;

3° A l'égard des jugemens qui ordonneraient la réparation d'omissions commises sur les registres de l'état civil, soit qu'il s'agisse d'un acte omis sur les deux doubles des registres, soit que l'omission consiste en ce que l'acte, inscrit sur l'un des doubles, ne l'eut pas été sur l'autre, soit enfin que l'acte fut resté imparfait sur les registres, n'y eut pas été inscrit en entier, ou n'y eut été signé qu'incomplètement.

Les maires doivent porter l'indication marginale du jugement réparatif en marge des actes de l'époque à laquelle l'acte omis aurait dû être dressé, c'est-à-dire à la date même où il aurait été inscrit, s'il n'avait pas été omis.

Les indications marginales relatives aux omissions partielles dans des actes inscrits à leur date seront portées en regard de ces actes.

Ces magistrats doivent suivre attentivement la

(1) Art. 101 du Code civil et 857 du Code de procédure civile.
(2) Titre 2 de la loi du 11 germinal an 11.

même marche pour toutes les autres rectifications judiciairement ordonnées, et ne rien raturer ni biffer sur les registres, ce qui serait une violation de l'article 857 du Code de procédure civile, et qui donnerait lieu à des dommages et intérêts.

Lorsqu'avant d'avoir inscrit sur les doubles des registres un jugement rectificatif d'un acte de l'état civil le maire reçoit signification par huissier d'un acte d'appel de ce jugment, il doit suspendre la rectification demandée jusqu'à la signification de l'appel.

Il doit énoncer dans l'acte d'inscription d'un jugement de rectification : 1° que *tel jour, à telle heure, tel jugement rendu par le tribunal de....... à la date du....... a été signifié au maire par........ huissier à....... ou lui a été remis par.......*

2° *Qu'obtempérant à la réquisition qui lui a été faite, il procède sur-le-champ à la transcription dudit jugement.*

3° *Qu'il est de la teneur suivante.......*

4° Que l'exploit de l'huissier contenant copie du jugement, ou que l'expédition qui lui en a été remise, est annexé au registre.

S'il s'agit de la rectification d'un acte passé avant l'année courante, le maire porte la note marginale à l'acte sur le double du registre déposé aux archives de la commune, puis il adresse au procureur du roi une copie littérale de cette mention afin que ce magistrat la fasse porter dans les mêmes termes sur le double déposé au greffe.

Le maire ne doit délivrer aucune expédition d'un

acte rectifié par jugement qu'avec la rectification ordonnée, sous peine de dommages et intérêts (1).

L'inscription d'un jugement rectificatif, sur les registres des actes de l'état civil, se fait sans frais.

Extraits des registres de l'é-tat civil. Toute expédition délivrée d'un de ces actes doit en exprimer littéralement le contenu au registre (2); c'est cette expression littérale qui reçoit le nom d'*extrait des registres de l'état civil*.

Lorsque, par un événement quelconque, le double du registre déposé aux archives de la mairie se trouve perdu, égaré, ou a été distrait ou détruit par accident, le maire doit le remplacer par une copie certifiée de celui qui est en dépôt au greffe du tribunal; alors, dans les extraits qu'il délivre de cette copie, il met au bas : *Certifié conforme au registre copié*, afin que partout où cet extrait est produit on sache qu'au lieu de faire pleine foi, comme celui tiré des registres originaux, il n'est autre qu'un renseignement.

L'extrait d'un registre original, duement légalisé, *fait foi jusqu'à inscription de faux* (3).

Les extraits demandés doivent : 1° être délivrés, quelle que soit la personne qui les réclame, à peine de dommages et intérêts (4).

2° Être intitulés : *Extrait du registre ou de la copie*

(1) Code de procédure civile, art. 857.
(2) Art. 45 du Code civil.
(3) Art. 45 *idem*.
(4) Art. 853 du Code de procédure civile.

du registre des..... (naissances, mariages, ou décès)
de la commune de..... pour l'année.......

3° Ne contenir ni blancs ni interlignes, ni ratures, ni surcharges, ni abréviations de mots, ni dates en chiffres ;

4° Mentionner toutes les signatures que l'acte a reçues au registre ;

5° Être revêtus du sceau de la mairie.

Le maire ne peut faire aucun changement de son chef, sur l'expédition d'un acte inscrit au registre de l'état civil et qui présenterait une omission ou une irrégularité.

De même, si l'acte est informe et incomplet sur le registre, lors même que la rédaction n'en serait pas achevée, ou qu'il ne serait pas signé, ou qu'il ne le serait pas par tous les comparans ou par l'officier de l'état civil.

Dans tous les cas, le maire renvoie les personnes à qui l'expédition a été remise à provoquer un jugement de rectification (1) ; cette rectification se fait *par voie de requête présentée au président du tribunal de première instance.*

Le maire ne doit pas se borner, en délivrant l'acte primitif, à indiquer, en marge de l'expédition, la date du jugement qui a ordonné une rectification, mais rappeler la rectification entière ; autrement il placerait les parties réclamantes dans la nécessité de lever une expédition de ce jugement, il commettrait une erreur contraire au vœu de la loi (2) ; il

---

(1) Avis du Conseil-d'Etat du 4 mars 1808.
(2) Art. 857 du Code de procédure civile.

est donc plus régulier d'opérer comme nous venons de l'indiquer (1).

Il est des tribunaux qui prennent la précaution d'énoncer, dans leurs jugemens rectificatifs d'actes de l'état civil, les termes dans lesquels doivent être désormais délivrées les expéditions de ces actes ; cette précaution est prudente et fait désirer qu'elle devienne générale.

Annexes de l'état civil. Le maire ne peut délivrer non plus que des expéditions entières et littérales des annexes dont il est dépositaire, et les terminer par le *certifié conforme à l'original déposé.*

Il ne doit, en aucun cas, les remplacer par un extrait ou par une déclaration de leur contenu.

Droits dûs pour expéditions. Les communes sont divisées en deux classes quant à la fixation des droits d'expéditions ; dans celles au dessous de cinquante mille âmes, ce droit est : 1° pour les actes de naissance, de publications de mariage et de décès, de 30 centimes : 2° pour les ctes de mariages, d'adoption et de divorce, de 60 centimes (2).

Le droit de timbre pour l'expédition est : 1° de 1 franc 25 centimes par feuille pour extraits d'actes civils reçus par les maires (3) et sans y ajouter la subvention du dixième (4).

2° De 83 centimes, sans cette subvention, pour les actes non reçus par les maires, comme ceux de

(1) Art. 857 du Code de procédure civile.
(2) Décret du 12 juillet 1807.
(3) Loi du 28 avril 1816, art. 63.
(4) Art. 67 de la même loi.

publication, les certificats de non opposition au mariage et ceux de publications, actes du propre fait du maire, et qu'il délivre suivant les cas (1).

Les droits pour expéditions d'annexes des actes de l'état civil se divisent en deux espèces :

La première comprend celle des annexes qui ne sont que des expéditions transcrites sur les registres d'une commune, d'actes reçus ou faits par le maire d'une autre commune (les droits de timbre et d'expédition pour ces annexes, sont les mêmes que pour les actes, suivant le détail ci-joint).

La deuxième espèce comprend les annexes de nature différente, telles que celles des actes de notoriété, de jugement, etc. Le droit d'expédition, pour cette seconde espèce, est de 75 centimes par rôle de deux pages, outre le droit de timbre (2) ; ce dernier droit ne regarde pas MM. les maires ; ils n'ont qu'à en faciliter la perception.

S'ils exigent d'autres droits et taxes que ceux que nous venons d'indiquer, ils encourent la peine de concussionnaire (3) ; ils ne peuvent, sans un abus

(1) Ainsi un acte de publication de mariage, certificat de non opposition, et certificat de célébration coûtent. . . . . . .

droit d'expédition...	o	3o	1 13
droit de timbre.......	o	83	

Actes de naissance et décès..

droit d'expédition..	o	3o	1 55
droit de timbre.....	1	25	

Acte d'adoption, de mariage, de divorce. . . . .

droit d'expédition...	o	6o	1 85
droit de timbre......	1	25	

(2) Loi du 7 messidor an 2, art. 37.
(3) Décret du 12 juillet 1807, art. 4.

réprimandable, faire payer un droit de recherche (1).

Le droit d'expédition d'un acte de publication ne peut en aucun cas être dû à la municipalité du lieu de la célébration du mariage, parce que cet acte étant sur le registre même de cette commune, la production n'est pas nécessaire pour le mariage ; ce droit n'est jamais dû que pour les expéditions demandées.

Le décret qui a fixé les droits sus énoncés (2), et la loi qui les a modifiés (3), doivent être constamment affichés en placard et en gros caractères dans les bureaux de la mairie, pour que tous les contractans ou les requerrans puissent en prendre connaissance.

Cette mesure de précaution en facilite le recouvrement et met la réputation des maires à l'abri de tout soupçon.

La remise du timbre est accordée pour les expéditions des pièces nécessaires, soit pour un enrôlement volontaire, soit pour une dispense ou une exemption du recrutement de l'armée, ou de la mobilisation de la garde nationale ; à l'égard de ces pièces, la plupart des communes, par une juste interprétation de la loi, sont aussi dans l'usage d'abandonner le droit d'expédition ; ceci est facultatif, mais pour prévenir l'abus que l'on pourrait faire de

(1) Circulaire du ministre de la justice du 10 mars 1813.
(2) Décret du 12 juillet 1807.
(3) Art. 62 et 64 de la loi du 28 avril 1816.

ces faveurs communales ou de la loi, les maires doivent soigneusement énoncer, sur ces expéditions de pièces, l'usage auquel elles sont destinées.

On ne peut assez rappeler à MM. les maires que l'omission d'un prénom, une irrégularité dans l'inscription d'un nom, l'oubli d'une formilité dans un acte de l'état civil peuvent donner lieu, sinon à une nullité de l'acte, du moins à des contestations ou à des procès ruineux pour les familles. C'est pourquoi nous sommes entrés avec vous, Messieurs, qui avez droit de prétendre à l'honneur d'administrer vos communes, dans des détails minutieux et froids, sur la gravité des fonctions d'officier de l'état civil, puisque le seul fait d'une innocente erreur compromet la responsabilité des maires, les rend passibles de dommages et intérêts et les expose même aux pénalités de la loi, pénalités qui seraient méritées si, par une complaisance déplacée, ou, cédant à de perfides suggessions, ils méconnaissaient la sévérité législative.

Observation sur les erreurs, omissions ou irrégularités.

LIVRE V ET DERNIER.

LE MAIRE CONSIDÉRÉ COMME JUGE DE POLICE JUDICIAIRE.

———◆◇◆◇◆———

5ᵉ et dernière attribution. Voyons maintenant quelles sont les obligations imposées à MM. les maires dans cette dernière attribution, qui les rend juges en certaines causes de contraventions dans l'étendue de leur arrondissement communal, fonctions rarement exercées, mais qui n'en sont pas moins une des dispositions de notre Code d'instruction criminelle, dispositions que nous allons développer ici le plus succinctement possible.

Leur compétence. 1° Les maires de communes non chefs-lieux de canton connaîtront, concurremment avec les juges-de-paix, des contraventions commises dans l'étendue de leur commune : 1° par des personnes prises en flagrant délit; 2° par des personnes qui résident dans la commune et qui y sont présentes; 3° lorsque les témoins y seront aussi résidans ou présens; 4° lorsque la partie réclamante conclura pour ses dommages et intérêts à une somme déterminée qui n'excédera pas celle de 15 francs (1).

2° Mais ils ne connaîtront jamais des contraventions attribuées exclusivement aux juges-de-paix (2): 1° de celles commises dans le chef-lieu du canton; 2° de celles commises dans les communes du canton, autre que celle où le maire réside ; 3° de celles commises dans la commune même, à raison desquelles la partie réclamante demande pour ses dommages et intérêts une somme au-dessus de 15 francs; 4° des contraventions forestières poursuivies à la requête des particuliers (3); 5° de celles pour injures verbales; 6° pour affiches, annonces, ventes, distributions ou débits d'ouvrages, d'écrits ou de gravures contraires aux mœurs; 7° des actions contre les gens qui font le métier de deviner et pronostiquer ou d'expliquer les songes (4).

Bornes posées à la juridiction.

3° Les maires, comme juges de simple police, ne peuvent non plus connaître d'aucune des matières dont la connaissance est attribuée aux juges-de-paix comme juges civils.

Ne peuvent prononcer en matière civile.

Ils peuvent conséquemment prononcer comme juges de police, dans l'étendue de leur juridic-

Contraventions dont ils peuvent connaître.

(1) Art. 166 du Code d'instruction criminelle.

(2) Par l'art 139 du même Code, comme l'exprime le 2ᵉ § de l'art. 166.

(3) Le Code forestier a fait des changemens dans cette partie de notre jurisprudence criminelle; nous ne les rapporterons pas ici parce qu'ils sont étrangers à notre sujet.

(4) Disposition de l'art. 139 de notre Code d'instruction criminelle.

tion, sur toutes les contraventions définies au livre IV du Code pénal (1), sauf les exceptions ci-dessus énoncées, de même que sur celles, non abrogées, des lois du 28 septembre 1791 (2), du 22 juillet même année et du Code du 3 brumaire an 4 (3).

Fonctions du ministère public; qui les remplit?

Lorsque le maire remplit les fonctions de juge de police municipale, le ministère public est exercé, près de son tribunal, par l'adjoint de la commune, et lorsque ce dernier est absent ou légitimement empêché, ou qu'il juge lui-même en l'absence du maire, le ministère public est exercé par un membre du conseil municipal, désigné pour une année par le procureur du roi (4).

Du greffier.

Les fonctions de greffier, près du tribunal de police municipale, doivent être remplies par un citoyen que le maire propose, qu'il fait assermenter en cette qualité au tribunal de police correctionnelle; il reçoit pour ses expéditions, les émolumens attribués au greffier du juge-de-paix.

De l'huissier; inutilité de son ministère.

Le ministère de l'huissier n'est pas nécessaire pour les citations aux parties, elles peuvent être faites par un avertissement du maire, qui annonce au contrevenant ou à son défenseur le fait dont il est

(1) Art. 171, 475 et 479 du Code pénal. nous avons rapporté tous les cas de contraventions, ou à peu près, au liv. 2, en traitant de la police judiciaire; c'est pourquoi nous ne les rapportons pas ici.

(2) Sur la police rurale.

(3) Livre 3, titre 1er.

(4) Art. 167 du Code d'instruction criminelle.

inculpé, le jour, l'heure où il doit se présenter (1).

Il en est de même quant aux citations des témoins ; elles peuvent être faites par avertissement indiquant le moment où la déposition sera reçue (2).

Le contrevenant, condamné par défaut, n'est plus recevable à s'opposer à l'exécution du jugement rendu par le maire, s'il n'a pas formé son opposition au bas de l'acte de signification ou par un acte notifié dans les trois jours de la signification. *Du jugement par défaut.*

Cette opposition nécessite de droit une citation à comparaître à la première audience après l'expiration des délais et sera réputée non avenue si l'opposant ne comparaît pas (3). *De son opposition.*

La personne citée est tenue de comparaître par elle-même ou par son fondé de pouvoir, porteur de procuration spéciale (4).

Le maire tiendra son audience publiquement dans la maison commune, et ce à peine de nullité (5). *Lieu de la tenue de l'audience.*

Dans le cas où la partie ne comparaîtrait pas à l'audience sur simple avertissement du maire, il y aurait nécessité de la faire citer par un huissier, et, pour cette fois, prononcer defaut contre elle si elle ne comparaissait pas encore (6).

L'instruction de chaque affaire doit se faire dans l'ordre suivant : *De l'instruction.*

(1) Art. 169 du Code d'instruction criminelle.
(2) Art. 171 du même Code.
(3) Art. 150 et 151 du même Code.
(4) Art. 152 du même Code.
(5) Art. 153 et 171 du même Code.
(6) Art. 149 du même Code.

1º Le greffier donne lecture du procès-verbal, s'il y en a eu de dressé;

2º Les témoins, s'il y en a eu d'appelés par le maire ou de cités à défaut de comparaître volontairement à la requête du ministère public ou de la partie civile, seront entendus, s'il y a lieu;

3º La partie civile prend ses conclusions;

4º La personne citée propose sa défense et fait entendre ses témoins, s'il elle en a fait comparaître ou citer, et si elle est recevable à les produire;

5º Le ministère public résume l'affaire et donne ses conclusions;

6º Le contrevenant propose ses observations, s'il croit en devoir soumettre;

Du jugement contradictoire. 7º Le maire, en tribunal de police, prononcera le jugement dans l'audience où l'instruction a été terminée ou au plus tard dans l'audience suivante (1).

Des preuves. Les procès-verbaux ou rapports des gardes champêtres ou autres officiers de police judiciaire sont la première preuve des contraventions; elles se prouvent encore par témoins.

Rapports et procès-verbaux. Nul ne peut être admis, à peine de nullité, à faire preuve par témoins, contre le contenu des procès-verbaux ou rapports des officiers de police ayant reçu de la loi le pouvoir de constater les délits ou les contraventions, jusqu'à inscription de faux (2).

Les procès-verbaux et rapports faits par des agens,

(1) Art. 137 du Code d'instruction criminelle.

(2) Tels sont ceux des juges-de-paix, officiers de gendarmerie, commissaires généraux de police, maires, adjoints, gardes forestiers.

préposés ou officiers auxquels la loi n'accorde pas le droit d'être crus jusqu'à inscription de faux (1), peuvent être débattus si le juge ou le tribunal juge à propos d'admettre des preuves du contraire (2), soit écrites, soit testimoniales (3).

A peine de nullité, les témoins font à l'audience *Des témoins.* le serment de dire la vérité, rien que la vérité. Le greffier en tient note comme de leurs noms, prénoms, âge, profession, ainsi que de leurs principales dépositions (4).

Les ascendans ou descendans des prévenus, leurs frères, sœurs, alliés au même degré, leur femme ou mari, même après le divorce prononcé, ne doivent être ni appelés ni reçus en témoignage; leur audition n'entraîne cependant pas nullité, lorsqu'elle a été faite sans aucune opposition (5).

Les témoins qui ne satisfont point à la citation peuvent y être contraints par le tribunal, qui, sur la réquisition du ministère public, prononce dans la même audience sur le premier défaut, l'amende, et dans le cas de second défaut, la contrainte par corps (6).

Le témoin condamné à l'amende sur le premier défaut, et qui sur la seconde citation produit devant

(1) Ceux des gardes-champêtres, sous-officiers et gendarmes et tous autres agens de la police municipale.
(2) Art. 154 du Code d'instruction criminelle.
(3) Même article.
(4) Art. 155 du même Code.
(5) Art. 156 *idem.*
(6) Art. 157 *idem.*

le tribunal municipal des excuses légitimes, peut sur les conclusions du ministère public, en être déchargé.

Lorsqu'il n'a pas été cité de nouveau, il peut se présenter volontairement, soit en personne soit par un fondé de pouvoir spécial, à l'audience qui suivra celle de sa condamnation, pour alléguer ses excuses et obtenir, s'il y a lieu, décharge de l'amende (1).

Jugemens d'absolution ou d'incompétence. Lorsque le fait dénoncé au tribunal de police municipale ne présente ni délit, ni contravention, le tribunal annulle la citation et tout ce qui a suivi, et statue par le même jugement sur les demandes en dommages et intérêts.

Si le fait est un délit qui emporte une peine correctionnelle ou plus grave, le tribunal municipal renvoie les parties devant le procureur du roi (2).

Mais si le prévenu est convaincu de contravention de police, ce tribunal prononce la peine et statue par le même jugement sur les demandes en restitution et en dommages et intérêts (3).

Poursuites dirigées par le ministère public. Les contraventions à des règlemens de police peuvent être poursuivies, lors même qu'elles n'ont pas été constatées par des procès-verbaux; dans ce cas, elles le sont par le fonctionnaire faisant l'office du ministère public près du tribunal de police municipale (4); ainsi décidé par un arrêt de la Cour suprême. Mais peuvent-elles l'être à la requête de

(1) Art. 158 du Code d'instruction criminelle.
(2) Art. 159 *idem.*
(3) Art. 161 *idem.*
(4) Cour de cassation, arrêt du 7 avril 1809.

la partie civile devant le maire? Nous ne le pensons pas, même lorsque la demande en dommages et intérêts n'excède pas 15 francs, car le juge-de-paix est le seul juge civil dans le canton (1) comme l'exprime formellement le deuxième paragraphe de l'article 166 du Code d'instruction criminelle. L'action intentée en contravention pourrait n'être qu'un prétexte pour, en la faisant écarter, constituer le maire juge civil et lui donner une juridiction interdite par la loi.

Le maire, comme juge de police municipale, ne peut ordonner la proclamation et l'affiche de son jugement au-delà de l'enceinte de son audience; nous doutons même qu'il puisse l'ordonner en aucun cas, puisque ce n'est pas une pénalité, qu'elle ne peut être ni prononcée d'office par le juge, ni invoquée par le ministère public, mais seulement par la partie civile comme une sorte de réparation et pour lui tenir lieu de dommages et intérêts (2), et cette condamnation, qui n'est pas déterminée par la loi, n'ayant pas du tout le caractère d'une peine, il nous semble qu'elle ne peut être prononcée que par le magistrat qui réunit à la fois la compétence de police et civile (3).

Affiches du jugement.

La partie qui sucombe est condamnée aux frais, qui sont liquidés par le jugement (4).

Dépens.

---

(1) Conséquence de l'art 166 du Code d'instruction criminelle, § 2.

(2) Arrêts de la Cour de cassation des 7 juillet 1809 et 23 mars 1811.

(3) Conséquence de l'art. 166 du Code d'instruction criminelle.

(4) Art. 162 du même Code.

Motifs et dispositifs du jugement.

Tout jugement définitif de condamnation doit être motivé et les termes de la loi appliquée doivent y être insérés à peine de nullité; on doit y mentionner aussi qu'il a été rendu en première ou en dernière instance. Le maire et son greffier sont tenus d'en signer la minute dans les vingt-quatre heures, à peine de 20 francs d'amende contre ce dernier et même de sa prise à partie ainsi que de celle du juge, s'il y a lieu (1).

Son exécution

Le ministère public et la partie civile poursuivront le jugement, chacun en ce qui le concerne (2).

Quoique le Code d'instruction dise seulement que les articles 149 à 160, concernant l'instruction et les jugemens au tribunal du juge-de-paix, seront observés par celui de police municipale (3), nul doute aussi que les prescriptions des articles suivans, de 161 à 165 inclusivement, ne lui soient également applicables.

Nécessité de suivre les formes prescrites.

MM. les maires, jugeant en police municipale, étendent leur compétence et prononcent sur les contraventions de première, deuxième et troisième classe, sections 2 et 3 du livre IV du Code pénal, et, par conséquent, condamnent les contrevenans à l'amende de 6 jusqu'à 15 francs et à l'emprisonnement, peines qui donnent lieu à l'appel de leurs jugemens; on ne saurait donc trop leur recommander d'observer, tant dans les formes des enquêtes

(1) Art. 163 164 et du Code d'instruction criminelle.
(2) Art. 163 et 164 *idem*.
(3) Art. 178 *idem*.

que dans celles du jugement, les règles prescrites par le Code d'instruction criminelle (1), et d'étudier avec soin tout le livre IV du Code pénal, afin que leurs jugemens ne subissent pas l'annulation en appel et n'exposent pas leurs justiciables à de nouvelles poursuites devant un autre tribunal de police simple.

Les juges-de-paix sont dans l'obligation d'adresser à leur procureur du roi, au commencement de chaque trimestre (2), les relevés sommaires des jugemens rendus en police simple, dans leur canton, pendant le trimestre précédent. Pour que ce travail présente un ensemble complet, les maires qui ont jugé en police municipale, dans le même temps, doivent adresser au juge-de-paix le relevé de leurs jugemens, conforme au modèle qu'ils trouveront au greffe de la justice de paix de leur canton ; ces relevés comprennent les jugemens de condamnation, d'absolution, d'incompétence, les causes qui ont empêché de prononcer sur les plaintes ou procès-verbaux.

J'aurais pu m'étendre davantage sur cette partie fort grave du pouvoir des maires ; mais le peu d'étude que la plupart de ces magistrats ont faite dans nos Codes de la justice civile et criminelle, la difficulté d'assermenter, dans les petites communes surtout, un greffier familiarisé avec les formes judiciaires, et celle non moins grande d'y composer un

Compte trimestriel des jugemens rendus ou police simple.

La police municipale donnée de fait aux juges-de-paix.

_____

(2) Chapitre 1er, livre 2.
(3) Ordonnance royal du 24 décembre 1832.

ministère public éclairé sur les mêmes matières, chose qui n'est pas même facile dans nos chefs-lieux de canton, nous le disons par expérience et par conviction ; ces causes évidentes, outre de nombreux liens de parenté, d'affinité, des relations journalières d'intérêt et d'amitié, placent les maires et les adjoints, dans une position souvent épineuse et délicate, laquelle les oblige à se récuser envers leurs administrés qui voudraient réclamer d'eux, à ces titres, des faveurs particulières. Toutes ces considérations réunies ont fait abandonner, par la presque totalité des maires des communes non chefs-lieux de canton une attribution de pouvoir qu'ils ne pourraient exercer, comme nous venons de le dire, sans de nombreuses récusations qui arrêteraient ou suspendraient souvent le cours de la justice, en matière de police municipale ; aussi est-ce avec autant de raison que de convenance et d'avantages pour eux-mêmes, qu'ils ont remis l'épée de Thémis entièrement aux mains des juges-de-paix, véritables juges de toutes les contraventions, du fait de leur compétence et dans le cercle de leur juridiction. Cependant comme on a journellement encore des exemples d'un certain nombre de condamnations prononcées par des tribunaux de police municipale, nous aurions manqué le but que nous nous sommes proposé, si nous n'avions traité ce sujet, textuellement écrit dans l'un de nos Codes.

Conclusion.

Messieurs, je suis arrivé, bien imparfaitement sans doute, au terme de notre entretien. Je vais vous quitter à regret et m'occuper, dans un autre entretien, avec vos fils des devoirs du citoyen français, des droits et des avantages résultant de nos institutions, qui n'ont pas encore reçu le degré que leur prépare notre système constitutionnel, franchement adopté avec toutes ses conséquences. Tout en m'entretenant avec ces jeunes gens des obligations que ces institutions nous font contracter envers le corps social, je leur dirai que l'homme enchaîné par la loi commune ne recouvre de véritable liberté qu'en faisant à la patrie, à l'ordre public, l'abnégation de ses volontés individuelles en faveur de la volonté générale et la fusion de ses intérêts privés dans la masse des intérêts généraux, pour les soumettre ensuite à l'empire de cette loi commune qui dirige les unes et règle les autres.

Messieurs les électeurs communaux, j'ai parcouru rapidement l'immensité des devoirs imposés par nos lois et nos réglemens administratifs aux fonctionnaires de nos communes, à nous-mêmes, qui participons, plus ou moins, soit comme électeurs, soit comme conseillers municipaux, d'hospice, de fabrique, de bienfaisance, aux détails de l'économie publique et surtout communale. Nous ne pouvons voir avec indifférence des choses qui nous touchent intimement; nous ne pouvons, presque sans crime, négliger l'héritage de l'avenir, la dot de nos neveux, l'espoir, l'appui du malheur, le refuge de l'adversité. Messieurs, l'État et la commune fondent et créent pour le temps, mais le temps court sans cesse, et lègue aux siècles les trésors de la prévoyance, les souvenirs d'une pensée généreuse, d'un bienfait accompli, et la reconnaissance qui lie l'avenir au passé; aidons donc de nos conseils, de nos lumières, de nos constans efforts, de nos deniers même, s'il le faut, ceux que nous avons appelé par nos choix à l'honneur de nous administrer. Lorsque leurs noms sont sortis de l'urne électorale, ne leur disons-nous pas, dans nos secrètes pensées : « Nous vous considérons, parmi nous, comme les plus dignes et les meilleurs, c'est pourquoi nous remettons en vos mains le soin de veiller sur nos personnes et sur nos propriétés, celui d'assurer l'ordre et d'augmenter la prospérité communale. Nous avons l'espoir que vous ne les sacrifierez point à des vues d'intérêt personnel; que vous nous ferez jouir, sans trouble, de notre liberté de conscience, que vous ferez respecter aussi le temple auguste où nous allons rendre des actions de grâce au Dieu de nos pères et invoquer ses bénédictions sur nos enfans. Nous vous confions la surveillance sur l'éducation de ces êtres intéressans. Oui ! vous leur ferez aimer la vertu, parce que vous la pratiquerez; vous leur apprendrez à connaître et à honorer la probité, parce que vous l'exercerez dans l'administration de nos deniers communaux, dont vous emploierez les revenus à des dépenses justes et économiques; vous empêcherez surtout que l'impôt devienne accablant pour nous, parce que votre indifférence le ferait peser plus sur nous que sur nos voisins; vous emploierez nos bras avec une équitable répartition pour améliorer les chemins, assainir nos places et abriter nos propriétés contre l'intem-

périe et les inondations; vous les emploierez enfin
avec modération et dans l'exercice d'un pouvoir
légal; vous veillerez sur la paix de la commune,
comme un bon père maintient l'harmonie dans sa
famille, et vous y ferez régner les bonnes mœurs
par la répression des actes qui les corrompent. »

Voilà, Messieurs, ce que nous avons dû dire à
nos administrateurs. Méditons le recueil incomplet que je vous présente, et nous apprécierons
combien leur tâche est grande et doit honorer le citoyen qui l'accepte. Non seulement elle est grande,
mais elle est pénible, même dans les plus petites
communes; c'est une carrière toute couverte d'é-
pines, de soins, de travail, de dévouement, jusqu'à
négliger ses propres affaires; il y a responsabilité,
reproches administratifs, soucis de tous les instans;
et quel est le prix attaché à cette magistrature? Un
mouvement d'ambition satisfait, lorsque l'amour
que nous portons à nos concitoyens et à la chose
publique n'ont pas déterminé notre acceptation.

Pour nous, Messieurs, qui sommes convaincus
de ces vérités, ne créons point, sur les pas de nos
administrateurs, des difficultés nouvelles, ne les
jetons point dans le découragement par une censure
acrimonieuse, une opposition intempestive et hos-
tile; applaudissons à leur marche si elle est fidèle,
éclairée, régulière; ramenons-les par nos conseils,
par nos raisonnemens, par des preuves convenablement faites, dans la forme légale, si par erreur, par
ignorance ou suggestions, ils s'en écartent. Messieurs, on ne naît pas administrateur, on le devient

par le travail et le temps; la science de gouverner les hommes n'entre point dans nos têtes comme la sagesse a pénétré dans le cerveau de Jupiter.

Et vous, Messieurs les administrateurs communaux, payez courageusement votre dette à la patrie, à la commune; ne voyez point les difficultés de votre position lorsqu'il s'agit de répondre à la confiance de vos compatriotes, au choix honorable du roi et de l'administration supérieure; lorsqu'il s'agit surtout d'accomplir un acte consciencieux. Vos devoirs sont étendus, je viens de le prouver, mais un homme d'honneur, un citoyen dévoué, ne s'arrête pas devant une difficulté quand il doit satisfaire au vœu national, aux suffrages publics. Et ne croyez pas que votre sacrifice soit sans récompense! Non, non, Messieurs! cette récompense est dans vos cœurs, dans l'estime universelle, dans le respect, les égards qui vous entourent; dans la considération dont vous faites jouir votre famille; dans l'avenir flatteur que vous préparez à vos enfans. Ne vous effrayez point des tentatives de l'opposition communale pour vous écarter de l'autorité ou vous porter à vous en démettre. L'opposition est comme les contrastes, nous les trouvons partout; d'ailleurs elle est de l'essence constitutionnelle, sans elle il n'y a point de liberté possible. Nous convenons qu'elle est parfois injuste, tracassière, railleuse même; c'est son trait le plus acéré, mais le plus souvent aussi elle nous arrête au bord de l'abîme, en nous découvrant la vérité.

La vérité, Messieurs, avec son langage sec et

altier, est la sauvegarde des trônes comme le parachute du simple citoyen! Le jeune héros macédonien, Alexandre-le-Grand (1), ne se fut point souillé du sang de Callisthène (2) et de Parménion (3), il n'eût point laissé échapper de sa main le trait fatal qui a tué son ami Clitus (4), ni oublié dans de honteuses orgies la gloire immortelle qu'il

(1) Alexandre-le-Grand, fils de Philippe et roi de Macédoine, fit la conquête de l'Asie sur Darius Codoman, et la poussa jusqu'à l'Inde (336 ans avant Jésus-Christ). Ce héros offre un mélange étonnant et continuel de vices et de vertus.

(2) Callisthène, philosophe grec, parent d'Aristote, précepteur d'Alexandre, refusa de rendre à ce prince des honneurs divins; il lui parlait toujours le langage de la vérité. Long-temps ce langage plut au roi, mais lorsque la flatterie eut gâté son caractère et corrompu son cœur, il ne voulut plus l'entendre : ayant donc accusé Callisthène de conspiration, il le fit périr.

(3) Parménion, l'un des plus vieux généraux de l'armée d'Alexandre, et long-temps son conseil et son ami, fut accusé, ainsi que son fils Philotas, de conspiration contre ce prince. Alexandre, qui n'avait que des soupçons contre eux, fit périr le vieux Parménion et lapider son fils; mais comme le premier jouissait d'une très grande considération dans l'armée qu'il commandait en Médie, et qu'il tenait sous sa garde les trésors de l'empire, Alexandre lui écrivit une lettre remplie d'assurances d'amitié, et tandis que ce général la lisait et exprimait hautement des vœux pour la gloire et le bonheur du roi, Cléandre, son lieutenant, exécutant l'ordre qu'il avait reçu, lui plongea un poignard dans le flanc et dans la gorge. Parménion mourut à soixante-dix ans, regretté de la Macédoine, de l'armée, et victime de la calomnie.

(4) Clitus, ami de l'enfance d'Alexandre et fils de sa nourrice, eut le bonheur de sauver son prince au passage du Granique. Alexandre avait tué de sa main Spithrobate, satrape d'Ionie, gendre de Darius, et prince d'une valeur remarquable; Rosacès, son frère, impatient de venger sa mort, fendit aussitôt le casque d'Alexandre, et allait

avait acquise au passage du Granique, à Tarse, dans les champs d'Arbelles, sur l'Hidaspe, s'il eût prêté l'oreille à sa voix.

Denys de Syracuse (1) n'eût pas non plus échangé la couronne de Sicile contre la férule d'un maître d'école, s'il eût mieux cultivé l'amitié du sage Platon et s'il eût écouté les véridiques et sublimes inspirations de ce dernier maître.

Les plus farouches tyrans, les Nabis (2), les Cali-

---

d'un second coup atteindre sa tête découverte, lorsque Clitus le frappant de son sabre lui coupa la main et sauva les jours de son maître. Mais au milieu d'un festin, ce guerrier, échauffé par le vin, éleva ses exploits, et surtout ceux de Philippe, au-dessus des actions d'Alexandre; il osa même reprocher à ce jeune roi la mort de Parménion. Alexandre, irrité, l'accusa d'ingratitude et de lâcheté; alors Clitus lui rappela le service qu'il lui avait rendu au passage du Granique, ajoutant que puisqu'il se faisait adorer comme un dieu, il n'était plus digne de vivre avec des humains, ni d'entendre la vérité. Alexandre, transporté de fureur, le perça de sa javeline en lui disant : « *Va retrouver Philippe et Parménion.* »

La mort de Clitus fut un sujet de désespoir pour Alexandre, il voulut s'arracher la vie et fut long-temps inconsolable.

(1) Denys, chassé de Syracuse pour son odieuse tyrannie, se fit maître d'école à Corinthe.

(2) Nabis, tyran de Lacédémone, ingénieux dans la férocité, inventa une machine, en forme de statue, qui ressemblait à la reine Apaga, sa femme; elle était revêtue d'habits magnifiques qui cachaient les pointes de fer dont son corps et ses bras étaient hérissés; si quelque riche citoyen lui refusait l'argent qu'il exigeait, il lui disait : « Je n'obtiens rien de vous, mais j'espère que la reine Apaga aura, plus que moi, le talent de vous persuader. » Il faisait alors approcher le malheureux de la statue; elle ouvrait ses bras redoutables, l'embrassait fortement, et l'infortuné, percé de toutes parts, se hâtait de livrer sa fortune. (Nabis vivait 200 ans avant Jésus-Christ.)

gula, les Néron, les Domitien (1), ont fermé toutes les issues de leurs palais à la vérité; cette divinité tutélaire fuyait épouvantée du théâtre sanglant de leurs crimes, mais dès que sa voix étouffée ne trouva plus de bouches pour se faire entendre, mille bras se levèrent pour frapper et terrasser le monstre affreux de la tyrannie.

Les Titus, les Antonin, les Marc-Aurèle, les Trajan (2), Charles V (3), Saint-Louis (4), Louis XII (5) Henri IV (6), Frédéric-le-Grand (7), Gustave-Adol-

(1) Empereurs romains renommés par leurs crimes; ils vécurent dans le premier siècle de l'empire et de l'ère chrétienne.

(2) Empereurs romains; les trois premiers firent les délices du monde, Trajan réunit aux vertus des autres princes les qualités d'un héros.

(3) Fils de Jean-le-Bon, Charles, surnommé le Sage et l'Eloquent, gouverna la France avec beaucoup de sagesse et de prudence pendant la captivité du roi son père, prisonnier en Angleterre; il fut l'ami de Duguesclin et d'Olivier de Clisson; il aimait les savans, et se plaisait à entendre la vérité sortir de la bouche des gens de bien. (Il régna de 1364 à 1380).

(4) Saint-Louis régna quarante-quatre ans, de 1226 à 1270, et son éloge est dans toutes les histoires, elle a été long-temps dans toutes les bouches; on ne peut lui reprocher d'avoir payé son tribut aux erreurs et à l'ignorance de son siècle, auquel il était bien supérieur. Saint-Louis fut un prince populaire et vertueux.

(5) Louis XII fut surnommé le Père du peuple. Ce prince qui dit à Latrémouille « que le roi de France n'épousait pas les querelles du duc d'Orléans », avait l'âme magnanime; il apprit du cardinal d'Amboise l'art de gouverner avec sagesse, et prêta toujours l'oreille à la vérité. (Il régna dix-sept ans, de l'année 1498 à 1515.)

(6) Nous ne pourrions rien dire du bon Henri, qui ne fût déjà connu de tous les Français amis de leur pays, dont ce grand prince fut l'un des modèles. (Il régna vingt-un ans au milieu des partis qui agitèrent alors notre malheureuse France, de l'année 1589 à 1610).

(7) Frédéric-le-Grand, roi de Prusse, à la fois guerrier, philo-

phe (1), qui ne dédaignaient pas d'entendre le langage sévère de la vérité, brillèrent sur la terre d'une joie pure et éclatante au milieu des grandes calamités de leurs époques; chéris des peuples, ils dotèrent encore la postérité des fastes intéressans de leur histoire.

O vous tous mes concitoyens! vous qu'un malheureux esprit de parti divise, faites un heureux retour sur vous-mêmes, écoutez la voix de la patrie qui vous prie de confondre vos nuances d'opinion dans une seule pensée, dans un même sentiment, le salut de la France, son bonheur, sa prospérité! Marchons tous ensemble vers la perfection du gouvernement constitutionnel, qui garantit toutes les positions, assure tous les droits; assez d'infortunes surgissent et surgiront toujours du démêlé des intérêts privés. Nous avons posé de nos mains les bases de notre édifice social, nous y avons placé en tête, après juillet, la branche de notre ancienne dynastie, qui nous gouverne actuellement; maintenons notre ouvrage, montrons à l'Europe attentive que nous n'avons fait que revendiquer des droits d'abord octroyés, puis méconnus et détruits; donnons-lui le rare exemple d'un peuple puissant, grand et généreux, qui sait proclamer la belle devise *Union et*

sophe, poète, fut un des plus grands princes de notre histoire moderne. (Il régna de 1740 à 1786.)

(1) Gustave-Adolphe fut aussi l'ornement des princes du Nord, à la fois guerrier, philosophe, ami des lettres, doux, humain; il mourut à l'âge de trente-huit ans, et laissa l'Europe veuve d'un grand prince, ami et allié de la France.

Oubli, qui sait respecter les droits de ses voisins, vivre heureux et calme au sein des douceurs dela paix, et faire de sa fidélité, de son industrie, de ses vertus, sa force et son indépendance ; la France se présentera ainsi inattaquable aux autres nations de la terre dont elle recherche et cultive l'amitié, parce qu'elle désire les voir heureuses, libres et prospères.

Pour moi, Messieurs les électeurs communaux, humble magistrat conciliateur, dont la faible voix s'élève pour la première fois, par une publication, du fond d'une belle vallée des Vosges, je n'ai pas une goutte de sang qui n'appartienne à ma patrie ; et si la nature me dotait d'un siècle d'existence à lui consacrer, je croirais, à mon dernier soupir, n'avoir pas encore suffisamment acquitté ma dette envers elle.

FIN.

MODÈLE N° 1.

(Voyez page 17.)

EXTRAIT

de la matrice cadastrale de la commune d

Le S^r

Observations importantes. Le présent extrait est destiné à faire connaître, d'un seul coup d'œil, l'état actuel des biens immeubles de chaque propriétaire.

Le crédit, la tranquillité et la sûreté de chacun sont intéressés à ce que cet état soit toujours tenu au courant, et à ce qu'aucune des règles suivantes ne soit violée :

1° N'achetez jamais sans contrat. Que ce contrat soit, autant que possible, passé *devant notaire ;* que l'origine de la propriété y soit indiquée, et qu'il soit, sans aucun délai, transcrit aux hypothèques. 2° Faites concourir à la vente la femme de votre vendeur, même celle de l'israélite, au moins pour renoncer à son hypothèque légale. 3° *Ne cachez jamais aucune partie de votre prix d'acquisition ;* ne payez jamais ce prix avant que quinze jours se soient écoulés depuis la transcription de votre contrat aux hypothèques; car alors seulement vous connaîtrez les charges hypothécaires qui existent sur le bien que vous avez acheté. 4° Ne payez pas sans vous être assuré que celui dont vous avez acheté a lui-même payé le prix de sa propre acquisition, qu'il est âgé de vingt-un ans et qu'il n'est ni tuteur, ni comptable de deniers publics; car vous seriez exposé pendant trente ans à vous voir dépouillé du bien par les vendeurs primitifs, par les pupilles ou par le trésor public.

5º Ne souffrez jamais que, dans quelque circonstance que ce soit, l'on donne de votre bien une description mutilée ou incorrecte; exigez-la entière et telle qu'elle se trouve inscrite au cadastre.

6º Présentez cet extrait lorsqu'il s'agira de vendre un immeuble, de l'échanger, de le donner par acte entre-vifs ou par testament; de le donner à bail ou de l'engager sur hypothèque, ou lorsqu'il sera question d'une déclaration relative à la culture du tabac, d'une déclaration de succession, d'une mutation sur les registres du cadastre, ou qu'il s'agira de procéder à un inventaire, ou à un partage dans lequel les biens y décrits devraient être compris.

7º Enfin, ayez soin dans chacun des contrats, actes ou déclarations qui précèdent, de faire bien exactement inscrire vos noms et prénoms d'après les bulletins de naissance ou de mariage que vous produirez également.

Au moyen de cet extrait, tenu avec soin, l'on verra disparaître ces difficultés si fréquentes sur les capacités électorales, sur la délivrance des états d'inscriptions et sur les cautionnemens en immeubles. Un citoyen ne sera plus exposé à payer les contributions de biens qu'il ne possède pas, et l'on sera à l'abri de cette classe d'usuriers qui spéculent sur le désordre et sur l'obscurité dont les titres de propriété sont trop souvent entourés.

Faites-vous délivrer des quittances notariées en vous libérant du dernier terme; celles sous seing privé pouvant s'égarer, et n'ayant date certaine que du jour de leur enregistrement.

(Extrait LONGUET.)

INDICATION.			NATURE de la propriété.	CONTENANCE		CLASSE.	REVENU net.	TENANS et ABOUTISSANS.	DATE et NATURE DES CONTRATS en vertu desquels la mutation a été opérée.
de la section.	du N° du plan.	du CANTON.		en mesure métriq. hect. ares. cent.	en mesure locale.				

NOTA. Le tableau servant à l'extrait sera à peu près de la double dimension.

MODÈLE N° 2.

(Voyez NAISSANCES, *page* 198 *et suivantes.)*

Cette pièce ne peut être remplie exactement que sur le vu de l'acte de mariage, et doit être conservée par les parens de l'enfant, pour être représentée aux différentes époques de la vie, prévues plus bas.

Année 183   N° *du Registre*   *Mairie d*   *Canton de...*

Extrait du Registre des Déclarations de Naissances.

L'an mil huit cent   le   à   heures

d   est né   du sexe

   fil   de   âgé de   ans

et de   âgée de   ans, tous deux

demeurant à   où ils ont contracté mariage le

Indiquer ici si le père est Français

---

a reçu le sacrement de Baptême le

a été vacciné le

a été admis à l'école primaire le

a reçu le sacrement d'Eucharistie le

a reçu la Confirmation le

a satisfait à la conscription le   a tiré le N°

a contracté mariage le   avec

mort le

OBSERVATIONS.

ART. 9 du Code civil. Tout individu né en France d'un étranger pourra, dans l'année qui suivra l'époque de sa majorité, réclamer la qualité de FRANÇAIS.

Cette déclaration se fera à la Mairie sur un registre à ce destiné et sans frais.   (BULLETIN LONGUET.)

MODELE N° 8.

(*Voyez* MARIAGES, *page* 209 *et suivantes*, *et l'ob-servation sous le titre: Imprimés de Bulletins, page* 250.)

Le bulletin de mariage est un renseignement de famille, dont la conservation est d'une grande importance ; il devra être représenté dans les circonstances suivantes : 1° à la déclaration de naissance d'un enfant, cette déclaration doit se faire dans les trois jours sous peine d'amende ; 2° en cas de remariage ; 3° lorsqu'il s'agira de se présenter devant notaires, pour passer un contrat de vente, de bail, de constituer hypothèque, ou de faire tout autre acte ; 4° lorsqu'il sera question de faire une mutation au cadastre ; 5° ou de faire une déclaration de culture de tabac ; 6° ou de passer un acte d'assurance ; 7° en cas de changement de domicile ; 8° ou de se faire porter sur les tableaux de recensement.

Les erreurs dans les noms étant les principales sources des procès, les parens feront sagement de ne jamais donner leur prénom à l'enfant, de crainte d'être obligés plus tard de le désigner par un sobriquet tel que le vieux, le jeune, le père, le fils, le tailleur, le boiteux, le chasseur, etc.

Ils feront aussi très bien de se mettre au-dessus de la misérable vanité de donner deux ou plusieurs prénoms à l'enfant, ce qui donne lieu à des inversions ou à des oublis très dangereux en beaucoup de cas ; ils éviteront aussi de donner, à un nouveau né, le prénom que portait un enfant décédé.

Les obscurités dans les généalogies qui donnent tant de prise aux usuriers ou aux gens qui spéculent sur la ruine des familles ne proviennent que de ces pernicieux usages.

L'on peut assurer que le citoyen qui sera bien

attentif à observer les points ci-dessus, et qui à côté de cela évitera de faire des contrats sous seing privé, de cacher une partie du prix dans les ventes, de laisser des contrats d'acquisition sans transcription aux hypothèques, et qui ne dépensera pas plus qu'il ne gagne, sera heureux dans son ménage et regardera toujours avec satisfaction le présent bulletin.

Mairie d	*C*on	*Arrond*ᵗ *de*
département d		

Le — ont été unis par le mariage
le sieur — né
*la D*lle — née
Le mari né le — à — canton de
arrondissement de — , *département du*
fils légitime de — et de
La femme née le — à — canton de
arrondissement de — *département du*
fille légitime de — et de

Indiquer ici si l'un des époux était veuf.

Le mari a demandé à être naturalisé le — et l'a été le
Le mari est mort le — la femme est morte le

Si l'un des futurs époux avait un enfant naturel, auquel il voulût procurer le bienfait de la légitimation, il faudrait le faire reconnaître par l'autre époux, soit avant l'acte de mariage, soit dans l'acte de mariage même. Plus tard la reconnaissance n'aurait plus d'effet.

OBSERVATIONS.

(Bulletin Longeut.)

TABLE GÉNÉRALE

DES

MATIÈRES.

TABLE GÉNÉRALE
DES MATIÈRES.

LIVRE PREMIER.

DEVOIRS DE MM. LES MAIRES ET DE LEURS ADJOINTS.

19

✦

LIVRE II.

LE MAIRE CONSIDÉRÉ COMME OFFICIER DE POLICE JUDICIAIRE.

LIVRE III.

LE MAIRE CONSIDÉRÉ COMME FONCTIONNAIRE OU DÉLÉGUÉ DE L'ÉTAT.

LIVRE IV.

LE MAIRE CONSIDÉRÉ COMME OFFICIER DE L'ÉTAT CIVIL.

Actes de naissance.

Des mariages.

━━◆◆◆━━

LIVRE V ET DERNIER.

LES MAIRES CONSIDÉRÉS COMME JUGES DE LA POLICE MUNICIPALE.

FIN DE LA TABLE.

www.ingramcontent.com/pod-product-compliance
Lightning Source LLC
Chambersburg PA
CBHW060416200326
41518CB00009B/1378